中学化学教学与实验创新研究

张映东　著

吉林科学技术出版社

图书在版编目（CIP）数据

中学化学教学与实验创新研究 / 张映东著. -- 长春：
吉林科学技术出版社，2023.5
ISBN 978-7-5744-0546-2

Ⅰ．①中… Ⅱ．①张… Ⅲ．①中学化学课—教学研究
Ⅳ．①G633.82

中国国家版本馆 CIP 数据核字(2023)第 103582 号

中学化学教学与实验创新研究

著　　　张映东
出 版 人　宛　霞
责任编辑　吕东伦
封面设计　南昌德昭文化传媒有限公司
制　　版　南昌德昭文化传媒有限公司
幅面尺寸　185mm×260mm
开　　本　16
字　　数　215 千字
印　　张　10.25
印　　数　1–1500 册
版　　次　2023年5月第1版
印　　次　2024年2月第1次印刷

出　　版　吉林科学技术出版社
发　　行　吉林科学技术出版社
地　　址　长春市福祉大路5788号
邮　　编　130118
发行部电话/传真　0431-81629529 81629530 81629531
　　　　　　　　　81629532 81629533 81629534
储运部电话　0431-86059116
编辑部电话　0431-81629518
印　　刷　三河市嵩川印刷有限公司

书　　号　ISBN 978-7-5744-0546-2
定　　价　65.00元

前 言 Preface

　　伴随着教育体制的改革、新课程标准的深入实施，我国中学课堂教学得到创新发展，大量的新型教学模式应运而生，大大提高了中学教学质量。新的课程改革要求教师积极转变教学观念，摸索适合学生发展、适合培养学生能力的新的教学方法。

　　自新课改实施以来，素质教育的不断深入，中学化学课堂教学发生了很大的变化。中学化学教学中不仅要有效培养学生的化学知识水平，同时也要充分促进学生对化学实践能力的提升，促进学生全面发展。更新教师的教学观念将会提升中学化学课堂的有效性，并能使教师在教学中坚持以学生为主体，充分体现人文性的课堂教学模式，让学生在课堂学习中相互交流与互动，激发学生的学习热情，促进学生主动学习。

　　如今，知识经济时代已经到来、一个国民素质的高低，特别是知识创新和技术创新能力的强弱，决定了一个国家、一个民族在国际竞争和世界格局中的地位。国民素质的提高，创造性人才的培养，主要依赖于教育。化学是一门必不可少的基础学科，而化学世界中物质变化的多样性、复杂性，物质性质学习的阶段性和理论理解的有限性，学生在学习过程中认识能力的差异性以及随着科学知识的不断发展和学生思维的空前活跃等因素，大大增加了化学课堂教学的随机性和偶然性，给教师带来了巨大的挑战。化学是实验的科学，学习与研究化学必须进行化学实验。化学实验是化学教育的永恒主题，化学学科的形成和发展与化学实验有着密切的联系。本书属于中学化学教学与实验创新方面的著作，首先介绍了中学化学实验与教学的基本理论；接着论述了化学教学模式、化学教学技能、化学教学策略以及方法；最后针对化学教学评价以及化学教师专业发展进行了论述。本书重在培养中学化学实验教学和实验研究及实验创新的基本技能，提高中学生开展化学实践活动的教学研究能力，对从事化学专业的研究学者和化学教育工作者有学习和参考的价值。

目 录 Catalogue

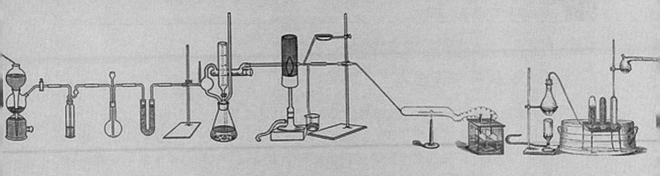

第一章　化学教学理论

第一节　指导化学教学的基础理论

一、辩证唯物主义认识论及自然科学方法论

化学教学过程是特殊的认识过程，其特殊性在于它是个体（学生）对化学学科知识的认识过程，它具有间接性、引导性和教育性。所以，辩证唯物主义认识论及自然科学方法论、一般教学理论和学习理论是指导化学教学的基础理论。

（一）辩证唯物主义认识论

辩证唯物主义认识论认为，认识是人脑对客观事物的能动反映，这种能动作用表现为认识的两个"飞跃"，即由感性认识到理性认识的"飞跃"、由理性认识到实践的"飞跃"。辩证唯物主义认识论把教学当作其自有客观规律的过程来研究。教学就其本质或主要内容而言，乃是教师创造条件，把人类已知的科学真理转化为学生的真知，同时引导学生把知识转化为能力的一种特殊形式的认识过程。教学是由教师领导身心发展尚未成熟的学生，主要通过学习知识去间接认识世界、发展自身。也就是说由成年人按照儿童不同年龄时期能够接受的形式来教他们认识。首先教他们学会成年人已经认识的东西，包括认识的结果和认识的方法，其次把发展他们的认识能力作为专门的任务和工作。化学教学过程，从本质上来讲，是一种认识过程。从根本上说，它是受认识规律制约的。辩证唯物主义认识论及据此发展形成的教学认识论揭示了认识过程的一般规律，为人们理解教学过程提供了理论基础。

（二）自然科学方法论

辩证唯物主义认识论即通过自然科学方法论来具体实现它对自然科学的指导作用。对于自然科学基础知识的教学来说，要做到引导学生实现认识上的两个"飞跃"和学习上的两个"转化"，关键在于正确运用自然科学方法论。自然科学方法论是联结哲学和自然科学的一条纽带。自然科学方法论认为，科学的认识过程和相应的科学方法应该是按照由浅入深、由低级到高级的辩证过程发展和运用的。根据辩证唯物主义认识论，我们可总结出科学认识过程的一般程序。

现代科学教育改革非常重视学生学习方式的转变，尤其鼓励学生在自然科学的学习过程中，更多地参与科学探究活动，强调在探究学习活动中培养学生的科学探究能力，这就使能力的培养与知识技能的获得、方法策略的掌握、情感态度价值观的形成有机地统一起来。就认识过程来看，科学探究原是指科学家研究自然界的科学规律时所进行的科学研究活动，在这里是指将科学家的探究方式引入学生的学习活动，让学生以类似科学探究的方式学习科学。学生在进行探究性学习时，将运用到观察、实验条件控制、测定、数据处理、分类等具体方法，随后在此基础上进行一定的比较、归纳，形成初步的结论；此时的结论不一定符合预期，于是产生了新问题，在无法用已有知识给出确切解释时，学生便产生了解决问题的欲望；为解决问题，学生将运用回忆、比较、推理等方法，根据模糊的感性认识甚至是可能错误的认识提出一定的假设，进而再次从事探究活动以进行相应验证，其结果可能符合假设也可能不符合假设，若不符合，又将重新提出假设设计实验、进行验证。这样的过程并不是简单的累积或循环，从认识层面上讲，学生的认识是在不断发展、进步的。这其中包含着一个由浅入深、由模糊到清晰、由假设到验证、由错误到正确的过程；其实也就是一个从感性到理性、从理性到实践并不断螺旋上升的过程。

科学探究活动的基本环节和步骤可概括为：发现问题、提出假设、验证假设、形成结论、交流质疑等的循环往复与螺旋上升。不难发现，科学探究活动的认识过程体现了自然科学方法论的观点。

化学教学作为一种特殊的认识过程，必须运用自然科学方法论，遵循认识规律，结合学科特征和教学特征，具体解决教学实际中的各种问题。这样就可以做到：既体现辩证唯物主义认识论对教学过程的指导作用，又避免将教学认识论等同于哲学认识论的简单化倾向。具体来讲，化学教学总是从引导学生认识具体的物质和现象开始，从运用已经获得的知识开始，从已知到未知，由感性认识到理性认识，进而通过实践（主要是学习实践）活动去运用化学知识、发展认识能力。例如，让学生进行观察、实验；记录和处理实验数据；进行科学抽象及运用比较分类、分析和综合、推理和判断等逻辑思维方法；运用假说等方法探究化学知识。在教学形式上，教师要创造条件让学生亲自动脑、动口和动手，让他们通过感觉器官进行思维加工，以实现教学过程中的两个"飞跃"和两个"转化"。

二、教学理论

教学理论是依据教育学和心理学等原理探索教学现象较深层次的普遍规律，并且为解决具体教学问题提供指导的理论。化学教学理论是建立在一般教学理论之上的。历史上，特别是近现代形成了不少教学理论，它们对化学教学理论有着深刻的影响，也是指导化学教学的基础理论。这些理论主要如下。

（一）赫尔巴特传统教学论

赫尔巴特（Johann Friedrich Herbart，1776—1841），德国著名教育学家，传统教育理论的主要代表人。他深受瑞士教育学家裴斯泰洛齐（Johan Heinrich Pestalozzi，1746—1847）的影响，在教育史上第一次建立了以心理学为基础的教学理论。他非常重视"兴趣"在教学过程中的作用，并且认为教学的最终目的是提高人的道德品质。他创立了"形式阶段说"，把教学过程分为以下四个阶段。

①明了 —— 给学生明确地讲授新知识，并使学生在学习过程中集中"注意"。

②联想 —— 让学生把新知识和旧知识联系起来，学生在心理上"期待"教师给予提示。

③系统 —— 要求学生把新旧知识系统化，并在新旧观念联合的基础上做出概括和总结，学生在逐步"探索"中完成任务。

④方法 —— 要求学生把所学知识用于实际，学生的心理特征是"行动"。

赫尔巴特的"四阶段论"后来被他的后继者改变、发展为预备、提示、联系、总结和应用的"五段教学法"。

（二）杜威的实用主义教学论

杜威（John Dewey，1859—1952），美国著名教育家，实用主义教育思想的创始人。他批评赫尔巴特"重教轻学"的做法，在教学内容上，主张以儿童的亲身经验代替书本知识；在教学组织形式之上，反对传统的课堂教学，认为班级授课制"消极地对待儿童，机械地使儿童集合在一起，课程和教法划一"；在师生关系中，反对以教师为中心，主张以儿童为中心，提倡"儿童中心论"。杜威重视学生"能动的活动"，提出"教育即生活""学校即社会"的教育主张。他认为教学应按照学生的思维过程进行，并指出"教学法的要素和思维的要素是相同的"。这些要素如下。

①学生要有一个真实的经验情境 —— 要有一个对活动本身感兴趣的连续活动。

②在这个情境内部产生一个真实的问题，作为思维的刺激物。

③他要占有知识资料，从事必要的观察，对付这个问题。

④他必须负责一步一步地展开他所想出的解决问题的办法。

⑤他要有机会通过应用来检验他的想法，使这些想法意义明确，并且让他自己去发现它们是否有效。

（三）凯洛夫的新传统教学论

凯洛夫（N.A.Kaiipob，1893—1978），苏联著名教育家。苏联在 20 世纪 20 年代，由于思想认识上的偏差和教育实践经验的缺乏，产生了否定一切的倾向，出现了"学校消亡论"。在此历史背景下，凯洛夫开始参加苏联教育的管理和研究，他尽力以唯物论和辩证法来研究教育学，逐步形成了新的教学理论体系。他认为教学过程是一个特殊的认识过程，包括教师的教和学生的学两个方面；他提倡并发展完善了班级授课制度，并认为课堂教学是教学工作的基本组织形式；教师在教学过程中要考虑学生的年龄特点，把最基本的知识传授给学生，同时要发展学生的某些能力；教学方法取决于教学任务和教学内容，但教学方法不是唯一的，而是多种多样的。

（四）赞可夫的发展性教学论

赞可夫（1901—1977），苏联心理学家、教育学家。他以"教学与发展的关系"为课题进行了长达二十年的研究，提出了学生的"一般发展"的思想。他认为"一般发展"即"心理活动的多方面的发展"，强调个性发展的整体性和动态性。以此为指导思想，他还提出实验教学论体系的原则。

（1）以高难度进行教学的原则。教材要有一定的难度，以引起学生注意，使学生在克服困难中获得知识。当然要掌握难度的分寸，要限于"最近发展区"，但不能降低到"现有发展水平"。

（2）以高速度进行教学的原则。对教材要进行多方面的理解，以提高学习知识的质量。

（3）理论知识起主导作用原则。教学要教给学生规律性知识，使其，举一反三。

（4）使学生理解学习过程的原则。让学生学会学习，逐步成为学习的主体。

（5）使全班学生都得到发展的原则。

（五）布鲁姆的掌握学习教学论

布鲁姆（B.S.Bloom，1913—1999），美国教育家。他的"为掌握而学，为掌握而教""只要提供适当的学习条件，世界上任何人能学会的东西，几乎所有的人都能学会"等观点具有世界性影响。布鲁姆的"掌握学习"基于这样的一种设想：如果教学是系统而切合实际的；如果学生面临学习困难的时候能得到帮助；如果学生的学习具有足够的实践达到掌握；如果对掌握能规定出明确的标准，那么绝大多数学生的学习能力可以达到很高的水平。布鲁姆的掌握学习在实施上分为两个阶段：准备阶段与操作阶段。

布鲁姆还认为，在学校教育中，评价占有十分重要的地位。但是传统评价的目的实际上是给学生分等分类，而对改进教学工作和实现教育目标所起的作用很小，对学生的人格和性格发展将产生不利的影响，所以应该使用适应并发展每个学生的能力，以改进教学工作为中心的教育评价方式。根据"掌握学习"的教学模式和步骤，布鲁姆把教育评价分为诊断性评价、形成性评价、总结性评价三类。

（六）苏霍姆林斯基"活的教育学"思想

苏霍姆林斯基（1918—1970），苏联教育实践家和教育理论家。他特别重视培养学生的个性，要求把每个学生培养成个性全面和谐发展的人，他认为"教育的最重要的任务之一就是：不要让任何一颗心灵里的火药未被点燃，而要使一切天赋和才能都能最充分地发挥出来"；他提倡对学生进行道德教育，让学生有"同情心""责任心"；他认为"一个人从社会得到了什么，以及给予了社会什么，这两者之间保持一种严格的和谐"；他也很重视智育，认为智育具有双重任务，即掌握知识、发展智力，通过智育，要让学生形成科学的世界观，要"培养人在整个一生中丰富自己的智慧的需要和把知识应用于实践的需要"；他把劳动教育看成是学校教育的一个重要组成部分，认为劳动是"一般发展"和"个性全面发展"不可缺少的途径。

（七）瓦根舍因、克拉夫基的范例教学论

瓦根舍因（Martin Wagenshin，1896—1988）、克拉夫基（W.Klafki，1927—），德国教育家。所谓范例教学，是指通过一些典型的问题和例子使学生进行独立的学习。其主要内容包括以下方面。

（1）三个特性："基本性""基础性""范例性"。

（2）三个统一，即"问题解决学习与系统学习的统一""掌握知识和发展能力的统一""主体与客体的统一"。

（3）五个分析，即"分析此内容表示并阐明了什么并能掌握哪些基本知识""分析儿童掌握的知识和形成的能力在其智力活动方面的作用""分析该课题对儿童未来的意义""分析内容的结构""分析哪些因素使儿童掌握教学内容"。

（4）四个阶段，即范例性地阐明"个"——用典型的事例阐明事物的本质特征，范例性地阐明"类"——通过归纳分析掌握事物的普遍特征，范例性地掌握"规律"，范例性地获得有关世界的和生活的"经验"。

教学论是研究教学一般规律的科学。以上这些经典教学理论，虽然学术主张不同，关注重点各异，但其研究对象都是教学。这些理论探讨了教学过程与本质、教学目的与任务、教学原则与方法、教学管理与评价、教师与学生等一系列问题，提出了各自的学说与主张，为化学教学理论研究与建构奠定了基础。

三、学习理论

化学教学是特殊的认识过程，是促进学生全面发展过程。对于学习，古今中外不少教育家、心理学家进行了深入的研究，提出过许多颇有价值的思想和理论。

（一）中国传统的学习理论

我国早在春秋战国时期，孔子就提出了"博学"（广泛地获取感性知识和书本知识）、"慎思"（学习要多进行认真的思考）、"时习"（及时温习已学过的知识）、"笃行"（把所学到的知识用于实际生活中）的学习思想；孟子承认学习个体之间的差异，认为教师应该因材施教；朱熹把《中庸》的五段论与孔子的"学而时习之""温故而知新"的观点相结合，提出博学审问、慎思明辨、时习笃行的六段式学习过程。这种学习过程模式基本上成为中国传统学习的经典模式。传统教育家还强调非智力因素在学习过程中的作用，并把"志"作为学习的前提条件。这种学习过程实际上是由志、学、问、思、辨、习、行七个环节构成的。其中"志"代表动力系统，起着发动和维持的作用；"学、习、行"代表行为操作系统，起着联系主客体的作用；"问、思、辨"代表思维加工系统，起着存储提炼的作用；"习"主要起着强化和反馈的作用；"行"起着评价、检测和反馈的作用。

当然，我国传统的学习理论也有不足之处：以伦理为中心的人文知识构成学习的主要内容，遏制了人们对自然科学的学习；受继承观念的支配，人们的创造性被限制；受实践理性的思维方式的制约，属于经验描述，理论的抽象思辨不够，影响了理论发展；强调教师权威，"师道尊严"的思想对中国的教育产生了深远的影响。

（二）联结学习理论

桑代克（E.L.Hornlike，1874—1949）是美国著名的教育心理学家，联结主义理论的创始人。他的学习理论是第一个系统的教育心理学理论，曾享有很高的声誉，并产生了很大的影响。桑代克首创了动物心理实验，最著名的是让饿猫逃出特制笼子的实验。笼子里面有一个能打开门的脚踏板，笼子外面有鱼或者肉。将饿猫放入笼内，开始时，饿猫只是无目的地乱咬、乱撞，后来偶然碰上脚踏板，打开笼子门，逃出笼子，得到食物。如此重复多次，最后猫一进入笼子即能打开笼子门。桑代克据此认为，学习的实质是刺激（S）与反应（R）之间的联结。他明确指出"学习即联结，心即是一个人的联结系统""学习是结合，人之所以长于学习，即因他养成这许多结合"。他把动物这种尝试错误偶然成功的行为叫作学习，认为学习的过程是经过多次尝试不断减少错误的过程。后人称这种理论为尝试错误论，简称"试误论"。

联结学习理论的主要错误在于摒弃了学习的认知过程和学习者的主观能动作用，简单地用操作性的条件反射来解释人类的学习，带有较大的片面性。

第二节　化学教学特征与教学原则

一、化学教学特征

以实验为基础是化学教学的基本特征。我们可以从学科的根本属性和化学教学的实践经验两个角度来论证这一基本特征。

化学学科是以实验为基础的一门自然科学。化学以客观事物为研究对象，以发现客观规律为目标，具有客观性、验证性、系统性三大特征。大量实验事实为化学理论的形成提供了依据，理论的形成与发展还需经实验事实的检验。纵观化学科学发展的历史，其前进的每一步都离不开化学实验。化学学科是在实验的基础上产生并发展起来的，实验是化学理论产生的直接源泉，是检验化学理论是否正确的标准，也是提高化学科学认识能力、促进化学科学持续发展的重要动力。

化学教学的特征是化学学科特征在教学中的反映，也是辩证唯物主义认识论在化学教学中的体现，还是化学教学区别于其他学科的标志之一。化学学科以实验为基础，辩证唯物主义认识论强调感性认识的基础性，因此，以实验为基础是化学教学的基本特征。

化学实验在化学教学中具有不可替代的重要作用。广大化学教师的教学实践说明，化学实验有助于提供丰富的感性知识，有助于激发学习兴趣，有助于创设认知冲突，从而帮助学生正确地形成化学概念，牢固地掌握化学知识，提高观察问题、分析问题、解决问题的能力。化学实验还是培养学生实验技能和实践意识的主要途径，让学生亲自动手实践，一方面可以促进学生学习和掌握各种实验操作技能，另一方面还能帮助学生形成通过实践探索和认识客观事物的意识。化学实验还有助于培养学生实事求是、严肃认真的科学精神和态度。离开化学实验的化学教学将会是无源之水、无本之木，无法达成提高学生科学素养的教学目标。

那么在教学中如何体现"以实验为基础"这一化学教学的特征呢？我们认为，主要应该通过以下几个方面体现。

（1）让学生做实验和观察现象，体验通过实验探究规律的过程。

（2）结合实验事实和实验过程，让学生认识化学概念和理论的形成过程。

（3）结合典型化学史实，让学生了解化学科学的发展进程。

（4）让学生通过实验并运用已学的知识解决问题，从而巩固知识、发展能力，培养科学态度、科学方法和正确的价值观念。

二、化学教学原则

（一）突出学生的主体性或主动性原则

依据国际科学教育和化学课程改革的趋势，以及国内化学课程的现状和基础教育课程改革的指导思想，《普通高中课程方案和语文等学科课程标准（2017 年版）》（以下简称《标准》)确立了化学课程改革的重点：以提高学生的科学素养为主旨；重视科学、技术与社会的相互联系；倡导以科学探究为主的多样化的学习方式；强化评价的诊断激励与发展功能。

《标准》中要求让学生有更多的机会主动地体验探究过程，在知识的形成、联系、应用过程中养成科学的态度，获得科学的方法，在"做科学"的探究实践中逐步形成终身学习的意识和能力。根据以上要求，教学中要突出学生的主体性和主动性。

教育的根本目的是育人，对象是学生，所以要以学生为本，一切为了学生，为了学生的一切，创造适合学生的教育，而不是选拔适合教育的学生，在整个教育教学中要贯彻以教师为主导、以学生为主体、以培养学生的创新精神和全面发展为主线的思想。

素质教育的内容之一，是促使学生主动地发展、生动活泼地发展，让学生主动学习，只有促使学生积极主动地参与教学过程，才可使教学更好地促进学生的智力发展。学生是学习活动的主人，学生的积极学习是成功学习的基础，只有学生主动学习、主动认知、主动获取教学内容、主动吸收人类积累的精神财富，他们才可认识世界，促进自身的发展。教学是由教和学相互联动、有机结合而组成的，学生是参与者、是演员，教师应设计教学环境，组织吸引学生积极主动地参与教学过程，而不是"我讲你听"我问你答。从眼前看，学生讲五分钟，可能不如教师讲五分钟的效果好，但从看长远看，效果就不一样了。因此，课堂教学改革的根本任务是转弊为利，要按照现代教学运行机制，变换传统的班级授课制组织形式，缩短教师在课堂上的讲授时间，调动学生参与教学的积极性，发挥学生自主探究的能动性，让课堂教学焕发出生机。实现教学形式的转变，一要最大限度地减少教师的讲授；二要最大限度地满足学生自主发展的需要；三要尽可能做到学生在"活动"中学习，在"主动"中发展，在"合作"中增知，在"探究"中创新。教师在教学中要充分体现学生的自主性：规律让学生自主发现，方法让学生自主寻找，思路让学生自主探究，问题让学生自主解决。

（二）激发兴趣和培养自信原则

爱因斯坦说过："兴趣是最好的老师，它往往胜过责任感。"从心理学角度来看，学生对某种事物的认识与实践的倾向性心理特征就表现为兴趣。兴趣的产生和学生的认知活动密切相关，同时也伴随着愉悦的情感体验，这种倾向性心理特征一旦长期稳定存在，就会成为取之不尽的原动力。

教育心理学认为，决定学生学习兴趣的内在机制有两个方面：一是学生所从事的学习价值有多大；二是学生在学习活动中成功的把握有多大。如果某学生认为没有成功的希望，即使这项学习再有价值也不会让他产生兴趣，因为这是没有结果的事情；反之，如果学习没有价值，即便有100%成功的希望，他也不会积极投身于学习。教师在教育学完中还要注重培养学生的自信心，自信心的获得是学生对自身主体性认识的重要表现。在学习实践活动中，让学生不断接受肯定性的反馈与激励，学生就会表现出较强的自我意识，对自身做出积极的认识和评价，在学习中采取积极主动的态度，发挥主体的能动作用。教师在教学中对学生学习中的言与行要多给予肯定，积极引导，尤其是在普通班的教育中，要以质见长、以智取胜，坚持以赞扬为主，及时肯定微小进步，让学生感受成功的喜悦，通过一次次小的成功奠定学生自信心的基础，让他们对自己、对明天充满信心，因为充满信心是创新的基础。

（三）注重探究式原则

科学探究是一种重要而有效的学习方式。《内容标准》中对各主题的学习提出了探究活动的具体建议，旨在转变学生的学习方式，使学生积极主动地获取化学知识，激发学习兴趣，培养创新精神和实践能力；同时将科学探究作为义务教育阶段化学课程的重要学习内容，明确地提出发展科学探究能力所包含的内容与培养目标。因此，教师在教学中要把培养学生的科学探究能力作为重中之重。

所谓探究，就其本意来说，是探讨和研究。探讨就是探求学问，探求真理和探本求源；研究就是研讨问题，追根求源和多方寻求答案，解决疑问。现在我们常说教学要创新，怎么创新？许多人对比感到迷茫，其实，创新就在我们身边，创新就在一个个探究实践活动中，用理论去指导实践，在实践的基础上再总结出新的理论，推动事业不断向前发展，就是我们所讲的创新活动，就是我们提倡的探究式教学。教师要注重引导学生主动发现和提出问题，并通过积极地探究解决问题。如"将分别蘸有浓氨水和浓盐酸的玻璃棒互相靠近，出现 ' 空中生烟 ' 的奇景"，教师可引导学生在感叹这一实验现象的同时，思考"为什么出现这样的景象？"等问题，激发学生进一步探究的兴趣和欲望。

在探究教学中，教师要重视对学生进行科学方法教育。进行教学法指导，教师要把握三点：一是真正知道学生需要什么；二是知道怎么做能使学生探究的问题达到"最近发展区"；三是知道教学法指导的根本目的是使学生愿学、乐学、会学、善学。教师要深入研究教材，提炼教学内容中的某些方法要素，并且在教学设计中予以渗透，让学生在探究活动中体验科学方法的运用，如对化学现象进行分类。教师还要提出有关的假设、设计实验和控制实验条件以供学生探究等。

学生的知识背景不同，思考问题的方式就可能不同，他们对同一个问题的认识角度和认识水平也存在差异。学生可对知识产生发展的过程进行探究；可在新旧知识的联结点上探究；有时在质疑问难处探究；有时在解决实践问题上探究；还可以在事物的求新、求异、求变上探究。总之，对知识的理解程度不同会引发探究，对问题的思维方式不同也会导致不同的探究。值得注意的是，学生的探究并不像科学家的探究那样要发明创造些什么，而是在教师的激励、启发和诱导之下，运用科学的方法去探究他们暂时还未理解和掌握的知识。学生的探究遵循的规律是从不知到知，从知之不多到知之甚多，从学会知识到会学知识和会用知识，再把知识转化为能力。学生探究知识的过程，就是学生利用原有知识经验，去解决教材中包含的未知因素，通过"学、思、疑、问、探"等多种方式，去挖掘自己的内在潜力，从而既获得新知，又增长能力。在探究教学中，教师要有目的地组织学生相互交流和讨论，这样既有利于培养学生交流与合作的能力，也有利于发展学生的评价能力。教师要提倡以小组为单位的探究活动，如分组完成"调查家庭金属废弃物的种类，讨论回收的价值和可能性"等课题。在探究实践中，教师应高度关注情感态度和价值观方面的课程目标的落实。

（四）培养学生的问题意识原则

义务教育阶段的化学课程中的科学探究，是学生积极主动地获取化学知识、认识和解决化学问题的重要实践活动。它涉及提出问题、猜想与假设、制订计划、进行实验、收集证据、解释与结论、反思与评价、表达与交流等要素。学生通过亲身经历和体验科学探究活动，激发对化学学习的兴趣，增进对科学的情感，理解科学的本质，学习科学探究的方法，初步形成科学探究能力。

科学探究是一种重要的学习方式，也是义务教育阶段化学课程的重要内容，对发展学生的科学素养具有不可替代的作用。而提出问题是科学探究的基础，因此，教师要大力培养学生的问题意识。学起于思，思源于疑，认知心理学研究表明："怀疑是探求真理的前提和基础。"在备课和教学时，教师应站在学生的角度，进行心理换位，模拟学生提问，启发学生思考。

（五）理论联系实际原则

化学课程内容的选择依据学生的已有经验和心理发展水平，反映化学学科内容特点，重视科学、技术与社会的联系，确定了"科学探究""身边的化学物质""物质构成的奥秘""物质的化学变化""化学和社会发展"五个内容主题，规定了具体的课程内容标准。这些内容是学生终身学习和适应现代社会生活所必需的化学基础知识，也是对学生进行情感态度和价值观教育的载体。所以在教学中，教师要突出理论联系实际原则，培养学生学以致用的能力。

化学与日常生活、生产、环境、卫生、健康等联系非常密切，我们学习化学，就是要综合运用化学知识，全面解决实际问题。这就要求教师不仅要系统地传授化学知识，而且还要适时地引导学生关心社会、了解社会，并学会尝试根据自己所掌握的化学知识解决社会中有关的化学问题，使其在科学的探究过程中培养兴趣、发展智力，提高观察能力、分析能力、独立思考及解决问题的能力，同时学会科学的学习方法和科学的思维方法。

教师要注意从学生熟悉的身边现象入手，引导他们发现问题、展开探究以获得有关的知识和经验；要紧密结合学生的生活实际，使他们感受身边的化学物质和化学变化，增强学习兴趣，加深他们对化学知识在生活实际中应用的认识。对于与学生生活实际紧密联系的物质及其变化现象，教师要注意在教学中寻找新的视角和切入点，使学生形成新的认识。比如，水是学生生活中最熟悉的物质。在水的教学中，教师可以引导学生从化学的视角出发认识生活中的"水"，探究水的组成和性质，了解水的污染和污染源、水的净化和纯化等。

衣、食、住、行等方面存在着大量和化学有关的素材，如燃料和燃烧、溶液、酸、碱、盐、有机物和各种材料等。教师在教学中可以根据学生的具体情况及教学需要收集和筛选素材，不断充实教学内容。

（六）重视化学实验原则

"活动与探究建议"是为了突出学生的实践活动，充分发挥学生实验能力而设置的。化学实验是进行科学探究的重要方式，学生具备基本的化学实验能力是学习化学和进行探究活动的基础和保证。

化学是一门以实验为基础的自然科学，实验是化学赖以生存和发展的基础，是化学的灵魂。要改变重理论轻实验、重结论轻过程的现象，要着重培养学生的化学科学素质及各种能力，就应将重点放在实验功能的开发上。有的学者把实验的功能精辟地概括为 10 个字：获知（获取化学知识和技能）；激趣（激发学生学习化学的兴趣和科学探索精神）；求真（培养学生勇于探索、实事求是的科学品质及实践出真知、实践是检验真理的唯一标准的科学精神和科学态度）；循理（训练学生研究应用化学知识与化学技能的方法、规律和思维）；育德（养成诚实、严谨、合作、谦逊、刻苦等科学品质和科学态度）。在教学中，教师演示实验要鲜明、生动，具有真实性，要能激发学生学习的兴趣和培养学生的观察能力，要通过实验巧妙地创设问题情境，有的放矢地设置疑问，让学生带着问题去观察、思考；要尽可能地把演示实验改为在教师指导下的探索性试验，以培养学生认识事物、掌握知识的方法。

（七）创设问题情景原则

"可供选择的学习情景素材"包括与学习内容相关的各种背景资料，如化学史料、日常生活中生动的自然现象和化学史实、化学科学与技术发展及应用的重大成就、化学对社会发展影响的事件等。这些素材旨在帮助教师理解课程目标，教师可在相关主题的教学中利用这些素材来创设学习情境，充分调动学生学习的主动性和积极性，帮助学生理解学习内容，体验化学与技术、社会的紧密联系，引导学生认识化学在促进社会可持续发展中的作用。创设学习情境可以增强学习的针对性，有利于发挥情感在教学中的作用，激发学生的兴趣，使学习更为有效。在创设学习情境时，应力求真实、生动、直观而又富于启迪性。演示实验、化学问题、小故事、科学史实、新闻报道、实物、图片、模型和影像资料等，都可以用于创设学习情境。例如，在有关"元素"的教学中展示地壳、海水和人体中的元素含量表；在有关"化学材料"的教学中展示古代石器、瓷器、青铜器、铁器及各种现代新材料的图片或者实物；在有关"环境保护"的教学中组织学生观看有关环境污染造成的危害的影像和图片资料等。教师也可以通过精心设计的富有思考性和启发性的问题，如"为什么在新制的氧化钙中加入水能煮熟鸡蛋呢？"等来创设学习情境。

在教学中，教师要善于引导学生从真实的情境中发现问题，有针对性地展开讨论，提出解决问题的思路，让学生的认识逐步得到发展。如组织小组辩论"常用的几种燃料中，哪一种最理想？"，试验"活性炭和明矾的净水作用"，观看录像"硬水对人们生活的影响"等，都可以为学生学习有关的知识提供良好基础。

第三节　化学教学过程与教学方法

一、化学教学过程

化学教学过程是化学教师教和学生学的统一的活动过程，是教师引导学生掌握化学基础知识和基本技能、发展能力、形成正确情感态度和价值观的特殊的认识过程。

化学教学过程是教和学的双边活动过程。教学不是教师一个人的活动，学生是教师教学的对象，更是学习的主体。成功的教学是符合学生的认知特点，能够调动学生的积极性，让学生主动地参与活动，是有利于学生自主建构正确的认知结构的活动，是有利于学生发展的活动。相反，脱离学生参与、忽视学生感受与理解的教学往往事倍功半，甚至一无所获。在教学过程中，学生倾听教师的讲解，遵循教师的引导，完成教师布置的任务；教师倾听学生的言语，观察学生的反应，根据学生来调整自己的教学，或加快或减慢，或详细或简练；学生的思想是不可预测的，是变化多端和充满灵气的，学生提问或回答，对教师就可能是启发，也可能生成新的教学资源；教学的过程也是教师学习、进步的过程。同时，师生之间的感情、情绪也彼此互动：教师的激情将振奋学生的斗志，教师的投入将换来学生的配合；学生的活跃将刺激教师的热情，学生的痛苦将为教师带来苦恼。总之，在教学活动中，师生之间相互作用、相互影响、相互制约。

化学教学活动又是特殊的认识过程。首先是认识对象的特殊性。化学教学中学生的认识对象是化学的基础知识和基本技能，这些知识是人类经过漫长岁月获得的，对学生而言是间接经验。其次是认识方式的特殊性。化学教学中学生的认识过程是在教师指导下进行的。教师综合考虑教学内容、教学条件、学生已有认知水平等因素，设计出合适的教学方案，从而带领学生完成学习任务。这样的认识过程不同于科学家、艺术家、成年人等的个体认识过程，是由教师引导未成熟的主体通过学习知识、初步探究去认识世界，把大量间接经验和少量直接经验变为学生个体的精神财富，发展学生自身的特殊认识过程。最后是认识目标的特殊性。化学教学中学生的认识目标不仅是化学基础知识和基本技能，还包括过程方法和情感态度价值观。在化学教学当中，学生不仅要学习人类已知的知识，还要体验探究未知的乐趣，初步得到社会交往的锻炼，形成对科学正面的情感和态度。

构成化学教学过程的基本因素有四个：教师、学生、教学内容和教学条件。前两个是人的因素，后两个是物的因素，人的因素是决定因素，物的因素可通过人的因素的作用发生变化。在四个因素中，教师是起决定性作用的主要因素。有效的教学过程是教师精心安排教学内容、充分利用教学条件和着力发挥学生主观能动性的过程。

二、化学教学方法

（一）第一类化学教学方法

1. 讲授法

讲授法是教师通过口头语言对学生系统地传授知识的一种方法。运用这种方法，教师可以将化学知识系统地传授给学生，使学生在较短的时间内获得较多的知识。它能运用启发的方式对学生提出问题，引起他们积极思考，并且指出解决问题的途径，发展学生的抽象思维。讲授法是历史上流传下来的一种最主要的教学方法，也是当前化学教学中最基本的方法。在教学中，其他各种方法的使用都要与它结合起来。讲授法的缺点是教师占用的教学时间较多，不利于发挥学生的主体作用，也不利于发展学生的技能。如果教师不善于运用启发式教学，未能做到所教知识的逻辑顺序与学生的认识能力和认知结构相同步，学生就会陷于被动状态，成为灌输的容器，导致机械地学习，死记硬背。没有经验的教师是很容易滑到这一步的。这就是讲授法常被人称为"满堂灌"而经常受到批评的原因。

讲授法是教师通过口头语言向学生传授知识的方法，所以教师的语言水平对教学效果影响很大。我们经常可以见到这样的情形：一些教师专业知识水平不低，备课也努力，但由于语言表达能力差，讲课学生不爱听，影响了教学效果。

教学语言首先应该清晰、准确、简练。也就是说，它既要有严密的科学性和逻辑性，也要符合语法规范，不做无谓的重复。其次应该生动，即教师讲课要讲求艺术性，善于应用形象比喻，语调抑扬顿挫，适当运用体态语言 —— 以姿势助说话，使教学语言富有感染力，娓娓动听，从而激发学生学习的情绪。这里应该注意，教学是严肃的、艰苦的脑力劳动，不是娱乐，教学语言的生动应以不影响教学的科学性和正常的教学秩序为限，不能为了追求"生动"而插科打诨，卖弄噱头，把教学活动搞得庸俗化。因为那样既不利于学生知识的学习，也不利于他们思想品德的培养。

2. 谈话法和讨论法

谈话法是教师通过和学生相互交谈来进行教学的方法；讨论法是在教师指导之下，由全班或小组成员围绕某一中心问题发表意见而进行相互学习的方法。这两种方法不是使学生从不知到知，而是引导学生根据已有知识、经验，通过独立思考去获得新的知识。因此，从学习的心理机制看，谈话法和讨论法都属于探究性方法。它们的优点是能充分发挥学生的主体作用，激发学生的积极思维，并有利于培养学生的口头语言表达能力。

谈话法适用于所有年级，但低年级用得比较多。它一般用于检查学生的知识，复习和巩固旧知识，也用于讲授新课。教师做演示实验时，为引导学生观察和思考，常配合谈话法。

运用谈话法，首先要求教师做好充分准备，拟好谈话提纲。其次要求教师所提问题要有启发性。如果是通过一组问题来引导学生概括出某个科学的结论，则各问题之间应有严密的逻辑顺序。最后要求教师面向全体学生发问。给学生以思考的时间，提问对象要普遍，并要贯彻因材施教原则，即所提问题的难度应与答问学生的水平相当。

讨论法常用于高年级，因运用这种方法要求学生具备一定的知识基础和独立思考能力。运用讨论法首先要求教师提前布置讨论题，明确对讨论的要求，指导学生复习有关知识，搜集资料，写好发言提纲。其次要求教师组织好讨论，鼓励学生勇于发表意见，相互切磋，并注意使讨论能围绕中心、紧扣主题进行。讨论结束后，教师要做好总结，提出需要进一步思考的问题，供学生学习与研究。

3. 演示法

为了使学生获得感性知识，加深对学习对象的印象，把理论知识与实际知识联系起来，同时也为了激发学生的学习兴趣，化学课上必须经常做演示实验，展示实物标本、模型、挂图，放映幻灯片、电影、电视录像等。教师做演示时必须与讲授相结合，这样才能引导学生观察，使学生获得全面而清晰的表象，并在此基础上引导学生思维，帮助他们形成正确的化学概念，加深他们对化学现象本质的理解。

4. 实验法

化学是一门以实验为基础的科学，学生学习化学必须做实验。因此，实验法是化学教学的基本方法。学生课内做实验主要分为随堂实验和整堂实验课两种形式。

5. 练习法

练习法是在教师指导下，学生巩固知识与培养技能的基本方法，也是学生学习过程中一种重要的实践活动。在化学教学中，一些重要的化学用语、化学基本概念、化学基础理论、化学计算和化学实验操作等，均需要学生有计划地加强练习，以达到巩固知识、训练技能、发展智力和培养能力的目的。

练习分口头（口答）练习、书面（笔答、板演）练习和操作练习三种形式。

在口头练习当中，教师所提问题应具有启发性，而不要提那些死背定义或简单回答"是"与"不是"的问题；同时还应对学生进行口头表达能力的训练，要求他们清晰、准确地回答问题。为了提高课堂书面练习（包括板演）的效率，教师最好采用是非题、选择题、填充题或计算题这样一些学生书写文字量小的问题。为了训练学生组织思想、论述问题和文字表达的能力，教师可以适当给学生布置课下写小论文的作业。

操作练习，主要是让学生动手做实验和组装模型，目的是训练学生做化学实验和组装模型的操作技能，自然也是培养他们动手、动脑、解决实际问题的重要方法。像估液、取液、试管操持等基本操作学生容易出错，教师就可以结合他们所学化学知识，出题加以练习，以巩固所学内容。学生学习有机化学缺乏空间立体观念，对于分子的立体异构常常想象不出来，教师让学生亲自组装分子模型，会巩固及加深他们对分子结构的理解，也有利于他们发展对微观粒子结构的想象力。

6. 读书指导法

读书指导法是教师指导学生通过阅读化学教材和参考书获取知识、发展智力的一种教学方法，是培养学生自学能力的一种好方法。教师应要求学生课前预习，课后复习，而预习和复习都必须阅读教材。如有余力，学生也应阅读参考书。

（二）第二类化学教学方法

1. 发现法

发现法是教师提供适于学生进行再发现活动的教材，促使学生通过自己探索、尝试过程来发现知识，并培养提出问题和探索发现能力的方法。这种方法经过美国心理学家布鲁纳（Jerome Seymour Bruner，1915—2016）倡导，20世纪60—70年代在西方曾经广泛流行。运用这种方法的关键，在于编制适于学生再发现活动的教材。编制教材时要注意以下三点。

（1）缩短过程：将科学家原发现的曲折的认识过程加以剪辑，使之变成捷径。

（2）降低难度：原发现过程对于学生来说往往难度过大，必须降低到与学生认知水平相匹配的程度。

（3）精简歧途：原发现可能走过许多不同的道路，但教材应将它们精简成少量歧途，这样一则可以降低学习难度，二则可训练学生的分辨能力。

2. 局部探求法和引导发现法

这两种教学方法本质上都属于发现法，但它们是对发现法的改进。局部探求法是将一个待发现的较复杂的问题划分成几个较简单的小问题，让学生分步去探索发现，或者让学生探索其中两个小问题，其余由教师通过启发式谈话来解决。这样就降低了探索发现的难度，扩大了发现法的适用面。

引导发现法强调在学生发现活动中要加强教师的引导，减少发现活动的自发性，使学生尽可能少受挫折，从而降低发现的难度。应用这种方法，一个发现过程大体可分为准备、初探、交流、总结、运用五个阶段。

3. "读读、议议、讲讲、练练"教学法

"读读、议议、讲讲、练练"教学法的主旨是克服学生在学习中的被动状况，发挥他们的主体作用。这种教学方法的"读"，是指学生在教师指导下课堂上阅读教材。"议"，是指在阅读后，教师让学生议论阅读中发现的疑难问题。"讲"，是指教师必要的讲授，它贯穿课的始终。如布置阅读时提启发性问题，给学生的议论做总结，对于难度大、学生难以读和议的教材径直进行讲授等。"练"，是指教师在课堂上组织练习，组织学生做实验，借以巩固知识、形成技能。

显然，这种教学方法是根据教为主导、学为主体的教学原则，将阅读指导法、讨论法、讲授法、练习法、实验法综合在一起形成的，体现了启发式教学的精神，如果运用得好，会取得好的教学效果。

4. 单元结构教学法

单元结构教学法是根据布鲁纳结构主义观点把化学教材重新加以组织，同时汲取发现法、程序教学法和传统的讲授法的优点而创造出来的一种新的教学方法。采用单元结构教学法时，教师备课要做好两项工作：首先，以理论为主线、实验为基础，将知识按内在逻辑联系组成不同的"结构单元"。其次，按结构单元编写指导学生自学的"学习程序"。

教师采用单元结构教学法一般按照下面的程序进行教学。

（1）教师启迪学生开始学习时，教师对本单元的内容和重要性等作一概括的介绍，以引起学生的学习动机，使学生明确学习目的、学习方法和思路。

（2）学生自学课堂上让学生按学习程序自学，其方式包括阅读教材、参考书，做实验，做预习题，钻研学习程序中提出的思考题。

（3）检查自学情况，组织讨论，进行重点讲授，为检查学生的自学情况，应让他们报告自学成果，回答教师的提问，并组织他们对有不同意见或自学理解不深刻的问题进行课堂讨论。然后教师对他们进行讲评、订正、示范、总结。同时根据需要，对于重点、难点教材还要进行讲授。讲完后再让学生做作业、做实验，以资巩固。

（4）做好总结，形成知识体系。在一个单元学习结束时，教师要布置一些带综合

性的作业或布置写小论文,促使学生将所学到知识分类对比、概括、总结,使知识系统化,从而形成较完善的认知结构。

教学实践证明,这种教学方法有利于教为主导与学为主体的统一,可以让学生比较好地掌握双基和培养他们的思维能力与自学能力。但是它在如何划分结构单元、如何做到单元知识结构与学生认知结构最佳配合等方面,尚不够成熟,有待继续探索。

三、选择和运用化学教学方法的注意事项

前面介绍了两大类化学教学方法,这些方法都有自己的适用条件。第一类化学教学方法是单纯的方法,当教师运用这些方法时,只有贯彻正确的教学原则,坚持实行启发式教学,适应课程教材的要求,协调与教学组织形式的关系,才能取得好的教学效果。第二类化学教学方法,虽是根据对教学实行综合研究设计出来的,但也存在指导思想是否符合教学规律、教学措施是否符合实际情况的问题,加之不同课的教学目的、内容、学生的情况及不同学校的环境设备均有差异,所以,教师如何根据实际情况正确选择和运用教学方法,对于提高教学质量具有重要意义。

选择和运用教学方法,应该注意以下几点。

(一) 要适合课题教学目的任务

教学方法是为完成教学目的任务服务的,因此必须适合课题教学目的任务的要求。如果课题教学目的是传授新知识,一般就要应用演示法给学生提供感性知识,然后用讲授法、谈话法等方法使感性知识上升为理性知识。如果课堂教学目的是培养学生的化学计算技能,则应采用练习法进行教学。由于教学中一堂课的教学目的往往不是单一的,因此,使用的教学方法也不应总是单一的,而应是几种方法的最优结合。

(二) 要与教学内容相匹配

教学目的由教学内容来体现,教学方法要适合教学目的的要求,就必须和教学内容相匹配。如元素化合物教材,一般应选用演示法、实验法、讲述法或讲解法;理论教材,应选用讲解法、谈话法或讨论法;化学用语,一般采用讲解法和练习法等。

(三) 要与学生实际情况相适应

不同年级的学生,其知识储备不同、认知水平不同,对于不同的教学方法的适应能力也不同。如讲解法、讲述法、谈话法、演示法等,在初中都可以顺利地使用,而讲演法、讨论法就适宜在高中使用。教师在选择教学方法时,还应考虑班集体的学风。例如,有的班特别活跃,学生爱提问,爱发表自己的意见,就适宜采用谈话法和讨论法;有的班表现"沉闷",不爱提问题,讨论不爱发言,讨论法应暂时少用,而宜选用其

他教学方法。当然教师也应采取措施，打破这种沉闷局面，使班集体逐步活跃起来。

（四）要考虑学校的设备条件

某些教学方法的使用，与学校的设备条件有关。例如，学校化学实验室设备完善，化学仪器药品供应充分，就可以多用实验法，也可适当采用发现法。如果不具备这些条件，就只好采用演示法或其他教学方法。

（五）要适合教师自身的业务水平和教学风格

不同的教学方法对教师的业务能力要求不同。教师应该了解自己的长处和短处，扬长避短，形成自己的教学风格。例如，擅长口头表达的教师，可以多用讲授法、谈话法；精通化学实验的教师，可以多用演示法、实验法；教学组织能力强的教师，可以多用讨论法。当然，擅长口头表达的教师，在发挥讲授特长的同时，也应保证学生有足够的机会动手做实验；精通实验的教师，在发挥组织学生做实验特长的同时，也应保证对学生进行必要的讲授。所以，一个好的化学教师，在发挥特长、形成风格的同时，必须具备运用各种普通教学方法的基本能力。

（六）要按规定教学时间完成教学任务

采用各种教学方法传授同样数量的知识所耗费的时间是不同的。一般来说，讲授法、演示法耗用时间短，发现法、谈话法、讨论法、实验法耗用时间长。一个课题具体应采用什么方法，要根据课题的教学目的和可以使用的时间综合考虑，不能片面地做决定。

教师在教学过程中，为取得好的教学效果，对于第一类化学教学方法，往往不能一种方法用到底，而是需要几种方法组合使用。比如在一堂课上，教师不能总是讲授，常须配合使用演示、学生实验、谈话或讨论等方法。课的教学质量在相当大的程度上取决于这些方法的选择和组合是否得当。对于第二类化学教学方法，如发现法，除了对教材组织有特殊要求外，也应是指导读书、实验、讨论、讲授等第一类化学教学方法的综合运用。它的教学质量既取决于教材组织，也取决于教学方法的选择与组合是否得当。因此，中学教师总结出一条很重要的经验："教学有法，但无定法，贵在优选。"也就是说，一堂课教学质量的高低，在相当大的程度上取决于教师是否能根据实际情况对教学方法实行优选组合、灵活运用。所以教师优选组合、灵活运用教学方法的能力，可以看作教师教学业务水平的一个重要标志。

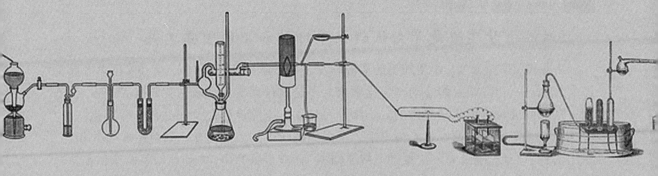

第二章 化学实验教学的基础

第一节 化学实验教学的功能

化学是一门以实验为基础的自然科学，化学教学中普遍认为实验是学习化学或进行化学知识教学的基础。其实，化学实验本身就蕴含着非常丰富的知识——化学实验的理论知识、化学实验的思想和方法、化学实验的技能技巧和素养等，因此将化学实验仅仅作为学习化学的手段和方法是远远不够的。为此，学校必须把化学实验列为化学教育教学的重要内容，并把这一思想观念贯彻到化学教学的各个方面和环节中，包括指导思想、课标的制定，教材的编写，教学目标、方法、评价的设定，实验室的建设，等等。

一、化学实验在化学新课程及其教学中的地位

（一）化学实验是化学教育教学的重要内容

从化学的组成部分来看，化学大体可以分为实验和理论两部分。化学实验本身就是化学不可分割的有机组成部分，是化学的重要内容，自然也是化学教育教学的重要内容。在义务教育化学课程标准中，化学实验是以分散的形式分布在"科学探究""身边的化学物质""物质构成的奥秘""物质的化学变化""化学与社会发展"等五个主题中的。

（二）化学实验是学生认识化学科学知识的重要工具

从现代教学论来看，学生知识的形成和发展是主体（学生）动作于客体（化学世界）而实现的。一切经验发源于动作，化学家大多是通过动作去实现与化学世界的相互作用，从而发现和认识化学规律的。学生学习化学，也应该通过类似过程掌握知识。皮亚杰在其《发生认识论原理》一书中，一再强调学生知识的构建是通过主客体的相互作用实现的。他认为儿童不应被动地接受知识，而应手脑并用，主动地动手操作和实验，从而获取知识。

动作的含义是多方面的：观察、分类、量度、假说、推论等实际上都是动作，逻辑思维本质上也是一种动作。化学实验实际上是一个综合过程，它是以上几种动作全部或部分的综合。化学实验既提供了化学教学认识工具的"硬件"——化学实验仪器和设备，也提供了化学教学认识工具的"软件"——化学教的方法（实验法）、化学学的方法（做实验）与化学教学认识方法（实验方法），因而是学生认识化学科学知识的重要工具和媒体。

（三）化学实验是科学探究的主要表现形式

从化学学科的特点来看，中学阶段必要的演示和讲解也是需要的，但是这不应该成为中学化学教学（尤其是初中阶段）的主要方法。学生主要靠"听"（教师讲解）和"看"（教师演示）是学不好化学的，至少是学不全面的。

培养学生的观察和实验能力是中学化学教学的目的之一。要培养学生的观察和实验能力，除了必要的演示和讲解外，更主要的是应该让学生亲自观察和实验，在"学做合一"中学习化学。也就是在实验活动中培养和发展学生化学学习的能力，包括观察和实验能力，学会化学的研究方法。在化学学习中，化学知识与技能的掌握，化学认识能力和应用能力的发展，都离不开学生的具体操作活动和思维活动。无论是物质组成、结构、制备与合成还是研究材料的介绍、分析或者有关知识的应用，都需要学生进行实验探究活动，并进行抽象、概括、归纳、演绎、分析、综合等思维活动。大力提倡探究学习，使学习者充分发挥参与活动的自主性，是促进学生良好认知结构形成的有效途径。

（四）现代社会的发展尤其需要人的实践能力和创造能力

实验在培养人的实践能力和创造能力方面具有独特的作用，而化学实验中蕴含着极其丰富、活跃的创造因素。因此当今世界各国都非常重视教学的实践环节，大力加强了实验教学。

二、化学实验的多层次功能探微

（一）化学实验的教育功能

中小学阶段是一个人的人生哲学、世界观的启蒙和奠基阶段，在人的一生中有重要作用。实验教学对学生建立辩证唯物主义的世界观、实事求是的作风，以及热爱祖国、热爱科学、爱护公物的思想品质都有着潜移默化的教育效果。学生走进整洁明亮的实验室，看到摆放得井井有条的仪器设备、严格的操作要求和管理制度的文字说明，以及挂在墙上的著名科学家的人像、生平及格言……这些都会于青少年心中留下深刻的印象。

科学态度是科学精神在人的心理和行为稳定倾向上的反映。科学态度基本上包括两个方面，即科学的态度和对待科学的态度。其主要内容有探究的兴趣、尊重事实、尊重科学理论、客观、精确、虚心、信心、恒心、成就感、责任感、合作等。化学实验集中体现科学精神和态度，具有非常丰富的和极大的内容和教育价值。在实验教学中，从实验目的、实验内容、实验步骤，到实验现象的观察和分析、实验结果的解释，再到结论的得出和评价，都可以使学生受到科学精神的陶冶。

同时，在实验探究过程中，师生之间、学生之间的彼此交流与合作，更有益于培养学生对化学的好奇心、探究欲和科学兴趣。教师率先垂范、严格要求，让学生注意、领悟、模仿和体会，点点滴滴、潜移默化，他们的辩证唯物主义物质观与科学态度的培养落实到每节实验课中，使他们形成受益终身的科学探究精神和科学态度。

（二）化学实验的教学功能

化学实验在化学新课程及其教学中的作用和地位，必然导致其教学功能的不断发展。化学是一门以实验为基础的科学。实验不仅是化学学科的重要内容，同时也是化学学习与研究的主要方法。在新课程改革大力倡导探究式学习的背景下，化学实验更成为实现教与学方式改变的不可或缺的重要途径。中学生学习化学知识的过程可归结为知识的定向选择、理解领会、记忆吸收、作业反馈的过程，即选择、领会、习得、巩固四个阶段。在学生学习化学知识的这四个阶段中，化学实验起到了不可替代的重要作用。

1. 实验在选择阶段的基础作用

选择阶段是知觉选择的过程，学生对教师讲授的教材内容，有意识、有选择地运用视、听知觉进行感知，获得感性认识。如初三学生刚开始学习化学，对化学实验充满了兴趣，但对如何观察化学实验现象还不得要领。在进行镁条燃烧的演示实验时，教师先引导学生观察镁条在燃烧前的颜色、状态，然后提醒学生在实验进行中要着重观察镁条燃烧的火焰、发光放热情况，等燃烧结束后让学生注意观察生成物质的颜色、状态。以上教师让学生注意观察的内容便是在选择阶段学生获得感性认识的基石。

2. 实验在领会阶段的核心作用

领会阶段是在知觉的基础上理解教材、揭示事物本质的过程。例如要学生建立关于"氧化——还原"的初步概念，可以先通过碳、硫、铁等物质在氧气中燃烧的实验来形成"氧化"概念，再通过氢气和氧化铜反应的实验来形成"还原"概念，最后通过对这个实验里生成物铜和水的分析来形成"氧化——还原"概念。同样，用验证物质发生化学反应前后各反应物质量总和跟各生成物质量总和相等的实验来论证质量守恒定律，用溶液的导电性实验导出电离理论，都是从生动的直观现象提高到抽象的思维过程，都能使学生牢固地掌握这些知识。

3. 实验在习得阶段的保持作用

习得阶段是经过理解、领会，让知识进入记忆阶段，通过记忆保持知识的习得知识的过程。在这个阶段，实验的作用是不言而喻的。如教师讲授了氢气的可燃性之后，让学生完成氢气的爆炸实验，在爆炸声和惊叹声中理解化学知识，而理解是记忆的基础，"意义识记"是牢固的记忆，因此实验可间接保持记忆。另外，实验能调动学生各种感官参与活动，在看、听、做、想等活动协同工作时，知识会在大脑皮层中留下生动鲜明的痕迹，使学生产生强烈印象乃至终生难忘，直接起到保持记忆的作用。

4. 实验在巩固阶段的强化作用

巩固阶段是经过复习和练习将已获得的知识加以巩固的过程。在此阶段，教师若能增加一些实验或操作，将会对学生巩固知识起到强化作用。如要求学生通过实验证明氯酸钾里含有钾、氧和氯三种元素，不采用其他试剂鉴别硫酸、氯化钠、硫酸钠、碳酸钠的溶液，等等。这些都要求学生以设计实验方案的形式，写出所需用的仪器和药品，绘出实验装置图，说明操作过程，然后根据实验的结果来解答问题。

（三）化学实验的评价功能

长期以来，我们进行的评价都很注重给学生排队等，而较少注重通过评价过程来诊断、分析学生学习的困难和学习规律，以设法改进教学，帮助大多数学生提高。在这个过程中采用的形式也多是纸笔型测验。这就使得我们对学生学习过程的有关信息掌握得不多、不深、不准、不细。而若引入化学实验作为一种探测学生理解能力、评价学生学习成就的手段，则可收到明显的效果。化学活动表现评价（Performance Assessment）目前被大量运用于化学教学诊断评价中，其是质性评价方法的一种具体表现形式。

1. 化学实验知识方面的评价

化学实验知识主要包括化学实验事实、化学实验仪器和药品方面的知识、化学实验安全方面的知识。主要内容有：

（1）是否认识常见的化学物质（药品），能否正确地描述化学实验现象；

（2）是否认识常见的化学实验仪器，知道其操作方法；是否了解化学实验仪器和药品的选择依据；

（3）是否了解化学实验药品和化学实验操作中的安全性问题。

2. 化学实验操作技能方面的评价

化学实验操作技能主要包括化学实验基本操作技能、化学实验仪器与药品的选择技能、化学实验操作的综合运用技能。主要内容有：

（1）能否正确进行化学实验基本操作；

（2）能否根据一定的化学实验目的对化学实验药品和仪器进行选择；

（3）能否根据一定的化学实验目的和化学实验仪器的特点，安装一些常见的、简单的化学实验装置；

（4）能否根据一定的化学实验目的，综合运用化学实验基本操作技能和化学实验安全方面的知识，进行一些简单的化学实验活动。

3. 化学实验探究能力方面的评价

化学实验探究能力主要是通过在化学实验活动中能灵活运用提出问题、猜想与假设、制订计划、进行实验、收集证据、解释与结论、反思与评价、表达与交流等八个探究要素来体现的。主要内容有：

（1）能否在教师的启发下或独立地发现一些有探究价值的化学实验问题，并且能比较清楚地进行表述；

（2）能否主动或在他人的启发下对化学实验问题的可能答案提出猜想或假设；

（3）能否根据所要解决的化学实验问题设计简单的化学实验方案，并对其可行性进行初步论证；

（4）能否根据实验方案独立地或与他人合作来完成化学实验；

（5）能否运用多种方式和方法对化学物质及其变化进行观察和记录，并对所获得的证据运用化学用语、表格、线图等形式进行处理；

（6）能否运用比较、分类、归纳和概括等方法得出结论或者对猜想和假设进行解释；

（7）能否对结论的可靠性进行简单的评价，并对自己在化学实验研究活动中的表现进行反思；

（8）能否较为规范地独立写化学实验报告，并主动与他人讨论和交流化学实验探究的结果。

化学实验在化学教学过程中的功能是多层次和多方位的。从认识论的角度来看，化学实验能为学生认识化学科学知识、检验化学理论、验证化学假说提供化学实验事实；

从方法论角度来看，化学实验具有重要的方法论功能，是落实科学素养的"过程与方法"目标的重要手段；从教学论角度来看，化学实验在创设学习情境、激发和维持学生学习的兴趣、发展学生的科学探究能力、培养学生的创新思维与操作能力及质性评价等方面具有其他教学形式和手段所不能替代的作用；从教育论的角度来看，化学实验在帮助学生形成科学的世界观和方法论，培养学生实事求是、严肃认真的科学态度，养成尊重科学、注重实践、独立思考的良好习惯等方面具有独特功能。

第二节 化学实验课程资源的开发与利用

凡是有助于实现课程目标的一切因素都可称为课程资源。狭义的课程资源则仅指形成教学内容的直接要素来源，以及实施课程的必要而直接的条件。目前普遍认为课程资源是"课程设计、实施和评价等整个课程教学过程中可以利用的一切人力、物力及自然资源的总和"，包括教材、教师、学生、家长以及学校、家庭和社区等所有有利于实现课程目标、促进教师专业成长和学生有个性的全面发展的各种资源。

一、化学实验课程资源简述

化学是一门以实验为基础的科学，化学实验在化学教育教学中承载着多种功能。因此在化学教育教学中必须重视实验，重视化学实验课程资源的开发与利用。化学实验课程资源是指有利于实现化学实验教学目标，在实验教学设计、实施和评价过程中可利用的各种资源的总和。它既包括物质课程资源，也包括人力课程资源；既包括校内课程资源，也包括校外课程资源；既包括传统的教科书、图书馆，也包括现代信息网络等。

由于课程资源的丰富多样性以及人们对课程资源认识的深度和广度的不同，现已出现了多种课程资源的分类方法。

应该指出的是，这些分类是相对的，现实中化学实验课程资源并无明显界线，而是互相交叉的。比如，校内课程资源、校外课程资源都可以包括素材性课程资源，也可包括条件性课程资源。

二、开发与利用化学实验课程资源的意义

所谓化学实验课程资源的开发，是指探寻一切可能进入化学实验教学活动的资源；而化学实验课程资源的利用，则是指充分挖掘已被开发出来的实验教学资源的教育教学价值。所以化学实验课程资源的开发与利用是密切联系在一起的，开发是利用的前提，利用是开发的目的，开发的进程本身就包含着一定的利用，利用的过程则会促进进一

步的开发。

化学实验课程资源的开发与利用具有重要的意义，主要表现在以下几点。

（一）是实施化学实验探究教学的根本保证

实验探究教学是改变学生学习方式的突破口，也是化学课程的重要内容。据统计，初中化学课程标准给出的"活动与探究建议"中50%以上的实验属于探究性实验。要成功地开展实验探究教学活动，就需要具备多方面的条件，其中实验课程资源的开发和利用是根本保证。可以设想，没有基本的实验物质资源，如实验室、实验仪器、药品等，或者教科书中选择的实验内容不适合所在地区的需求，或者实验内容呈现方式本身不具有探究性，那么要成功地开展化学实验探究活动是不可能的。

因此，化学实验课程资源的开发与利用有利于转变传统的以"接受式"为主的学习方式，促进学生主动探究，变"听化学"为"做化学"，从而有助于化学新课程目标的实现。

（二）有助于发展学生的个性特长

对于一些在化学学习上有浓厚兴趣或天赋的学生，丰富的化学实验课程资源能够为他们提供亲自动手实验、自主进行探究、发展创新能力的机会或场所。如开展家庭小实验、课外实验活动、实验晚会等，或者到科研单位、高等院校做些综合性实验，长期坚持下去，就能较大程度地满足学生在化学学习方面的需求，引发学生探究和创造的兴趣，发展学生于化学学科方面的特长。

（三）有利于拓展和完善实验教学内容，弥补化学教科书之不足

任何一本教科书所选择的实验内容都不可能适用于不同地区，甚至是同一地区所有学校。同时实验内容本身可能也有不完善之处，这就需要教师改进实验，或借鉴他人对实验的改进，或创新设计新的生活化、趣味化、绿色化的实验。

（四）有助于促进教师的专业化发展

化学实验课程资源的开发和利用需要教师树立全新的课程资源观，改变长期以来把教科书当成唯一教学资源的倾向，主动查找教科书与学生需要、课程目标之间的差距，树立强烈的课程资源开发与利用的意识和责任感。在实验课程资源开发与利用过程中，教师需要勇于创新，不拘泥于固有模式，敢于突破陈规，不因循守旧，掌握资源开发利用的策略，同时需要具有与同事、学生、管理者以及社区人员合作沟通的能力，具有广泛交流的技能，这些将促进教师的专业化发展。

三、化学实验课程资源的开发和利用途径

传统的化学实验课程资源的内涵仅仅停留在教科书及教学辅助材料上，很难走出"课堂为中心""教科书为中心"的误区。新课程是教师、学生、教材和环境四个因素的整合，化学实验是启迪学生科学思维，培养学生探究能力和情感、态度与价值观的重要手段。因此，在化学新课程的实施中，我国应充分重视化学实验课程资源的开发和利用，不断开发、优化和利用学校、社区、工厂等多种资源。

（一）加强化学教师在课程开发和利用中的主力军作用

随着课程教材改革和学校内部教育教学改革的深化，教师是教育改革关键性因素的观点越来越引起人们的关注。许多化学教师在化学实验课程资源极其紧缺的情况下，"化腐朽为神奇"，实现了课程资源价值的"超水平"发挥。一些化学教师以生活中常见的物质作为实验药品，比如测定易拉罐的主要成分，使学生对化学产生一种亲近感；或选取日常生活中的化学现象作为化学实验的素材，比如"如何减少或避免甲醛等挥发性有机物对居室空气的污染"实验，使学生能运用化学知识解释身边的化学现象，做到学以致用。因此，在化学课程资源建设中，要充分发挥化学教师的主观能动作用，要开发好化学教师这一资源，使广大化学教师积极投身到课程资源的开发和利用中来。可以说，教师的素质状况决定了化学实验课程资源的开发与利用的程度以及发挥效益的水平。

（二）重视化学实验室的建设

化学实验室是进行化学实验教学重要的条件性课程资源，是化学教师开展化学实验教学与研究的重要阵地，也是学生进行实践探究活动的重要场所。新课程大力倡导促进学生学习方式的转变，化学实验室在这一方面起着不可替代的作用。加强和重视实验室的建设不但改变着学生的学习方式，而且对培养学生的学习兴趣、创新精神和实践能力，提高学生的科学素养也有着重要作用。

学校实验室建设既要关注实验室硬件建设，也要关注实验室软件管理。首先要求学校及有关部门加大投入力度，配足配齐必需的实验仪器、药品及实验防护用具，定期检查药品质量，及时补充损耗品，不断更新仪器设备；其次要鼓励教师、学生充分利用日常生活中和周围环境中的材料，自制仪器，代替药品，这样既解决了仪器短缺问题，丰富了教学资源，还增强了学生节约和环保的意识，如指导学生利用生活中的贝壳或鸡蛋壳代替碳酸钙、用食用碱代替碳酸钠、用废弃的饮料瓶和小药瓶作为反应容器等；最后应该重视和加强对实验管理人员的培养和提高，确保实验的安全与质量。

（三）应用信息技术整合化学实验课程资源

信息技术应用于化学课堂教学，克服了传统教学的某些不足，在扩大演示实验的效

果方面表现出现代教学手段的优越性。另外，信息化课程资源可以呈现教科书以外的教学内容，从而实现教学内容的适度开放。实验是化学的精髓，所以对与实验相关的实物进行同步投影和课件模拟演示，成为化学学科与信息技术整合的一个重要突破口。多媒体课件演示与化学教学实际操作的有机结合，是化学教学改革中的一种新型教学手段。由于其视听结合、手眼并用的特点及其模拟、反馈、个别指导的内在感染力，它具有极大的吸引力。实物投影和课件模拟在化学实验和理论教学中发挥着重大的作用。

　　学校应当积极组织和鼓励教师开发与当地生产实际相联系的、反映科学技术研究成果的教学资源，应用化学教学软件和研制化学教学课件，利用网络化学教育资源，等等。学校要重视教学资源的建设和管理，形成资源库，实现资源共享。另外，学校还应加快校园网的建设，鼓励教师和学生从网上获取课程信息。

（四）　编写化学实验教学资料

　　近年来，广大中学化学教师对实验教学改革，尤其是实验仪器、实验方法的改进做了大量的探索，取得了不少成果。教师应根据教材内容，结合学生实际和学校实际，从图书、期刊、网络等资源中精选适当的化学实验教学内容，编写化学实验教学参考资料，尤其是指导学生开展实验探究活动的教学设计及实验改进、创新等方面的资料，实现化学实验课程资源的共享，为提高化学实验教学质量服务。

（五）　结合当地生产生活实际开发化学实验课程资源

　　化学实验课程资源的开发一定要因地制宜，紧密结合当地生活生产实际。这样既可以使学生关心身边的化学，善于用化学的视角来看待自然界中丰富多彩的现象，也可以使学生感受化学在生活及社会各个领域中的广泛应用。

（六）　重视学生在实验课程资源开发中的作用

　　学生是学习的主体，学生积极参与课堂教学，实际上就是一种课程资源的开发过程。通过大量的课堂实验观察、分析和操作后，学生在感性和理性认识上都有较大的提高，此时他们往往已不满足于了解书本实验，而是想进行一些自己设计的创造性实验，运用所学化学知识和技能，解决一些生产生活实际问题或未知的实验问题。教师应抓住时机，创设实验问题情境，因势利导，引导学生进行实验创新活动，使学生有所发现、有所创造，充分发挥学生在实验课程资源开发中的作用。

第三节 化学实验能力的培养策略与设计的方法

一、化学实验能力的培养策略

化学实验能力是学生运用化学实验手段来解决问题，获得有关知识、经验的能力。中学生化学实验能力主要包括敏锐的实验观察能力、熟练的实验操作能力和创新的实验思维能力。

（一）化学实验能力简述

实验是化学赖以形成和发展的基础，又是学生学习化学的媒介。直观、鲜明和生动的化学实验现象，不但能为学生的化学学习提供直接的感性认识，帮助学生接受与理解化学知识，还能促进他们获取并灵活应用化学知识。化学实验能力的基础包括化学基础知识、化学实验方法论知识、化学实验操作技能和运用实验方法论的技能等诸多方面的知识。化学实验能力的培养目标主要有以下几点。

（1）学生拥有较强的"实验意识"，善于通过实验来解决化学问题，并能从对问题的思考与分析中提炼出适宜的化学实验课题。化学实验课题可以是学生新发现的或学生觉得有意义的疑问或问题，如探索影响铁生锈的各种因素等；也可以是探究概念原理的，如探究化学反应中质量是否守恒等；还可以是与社会、技术有关的实际问题，如调查某一个地区水污染的情况及主要原因分析等。

（2）能灵活地运用化学知识和技能设计科学可行的化学实验方案。一个完整的科学探究过程包括发现问题（观察—描述物体、事件及相互作用的过程—提出问题）、提出假说（查阅有关资料—运用判断思维和逻辑思维来分析—得出可能的各种解释或假设）、设计实验并实施（包括系统的观察、测量及有变量操作的实验等）、分析现象和数据并得出结论、运用结论解释问题、交流表达（包括口头、书面、绘画、图表、模型、数学方式）等环节。化学实验设计方案可以包括上述探究过程中的一个或者多个环节，也可以是探究活动的全过程。

（3）能根据实验方案恰当地选择、装配、使用化学实验仪器和化学试剂；合理地选择、组织并有效地完成全部实验过程的各种操作，有效地控制实验条件；妥当地处理实验中出现的问题；独立、系统和有条不紊地进行化学实验观察，客观、完整地记录实验的过程、条件、现象。

（4）具有较强的实验思维能力，能对获取的化学实验现象、数据等进行一定的思维加工，并形成科学的化学概念、判断和推理，发现规律、解决问题，并且概括成化学知识。

化学实验能力的培养应贯穿于化学教学的全过程，化学知识教学和实验教学应相互促进、相互渗透、相互统一。

（二）中学生化学实验能力的培养策略

化学实验能力是由多种能力组成的一种综合性能力。要培养中学生化学实验能力，主要应在学生的实验观察能力、实验操作能力与实验思维能力的培养上下功夫。

1. 化学实验观察能力的培养

观察能力是指学生通过观察实验过程及现象获得生动的感性材料，然后进行分析、综合、概括、归纳后上升为理性认识，形成正确概念的能力。在化学课堂教学中，可用于训练学生观察能力的内容有很多。例如通过实验，物质的状态、颜色、气味、熔点、沸点、密度、溶解度、挥发性、酸碱性等都是可以观察到的，化学变化中物质的能量、质量、颜色变化以及沉淀和气体的生成也是可以观察到的，还有教学的直观辅助材料如图表、模型也是可以观察到的。要培养敏锐的观察能力，可从以下几方面对学生提出要求。

（1）明确目的要求

化学反应的现象纷繁复杂，观察时如果没有明确的观察目的，容易舍本求末、漫无目标。有些实验在开始前要提醒学生观察的要点，要求学生带着问题去观察。如在观察物质的物理性质时，要注意物质的颜色、状态、气味、硬度、密度等；在观察实验现象时，要注意观察物质状态的变化、颜色的变化、发光、放热、发出的声音等现象；在观察装置时，要注意重要仪器的规格、仪器的空间位置、连接顺序等。有些实验是在瞬间完成的，则要求学生集中注意力，如在观察铜丝与硫的反应时，反应现象虽然很明显，但是时间很短，只发生在一瞬间，所以必须在实验之前提醒学生注意观察铜丝的变化。

（2）力求完整全面

教师要引导学生有目的、有计划地调动多种感觉器官，对化学现象进行全面、深入的观察；要透过现象看本质，即要抓住主要的、本质的东西。学生在观察时，有时会偏重对产物的观察而忽略了对反应物的观察，有时恰好相反会侧重于反应物的消失，这些都是观察不完整的表现。例如，在观察铜与浓硝酸的反应现象时，有的学生观察到产生了红棕色气体，却忽略了铜片溶解至最终消失、反应放热、溶液变为蓝绿色等现象；再如观察甲烷和氯气在光照的条件下发生取代反应时，有的学生注意到氯气的颜色褪去，却忽略了集气瓶的内壁上有无色油状液滴生成。因此教师要引导学生敏捷地捕捉稍纵即逝或不易发现的反应现象，不忽视某些细微变化，不放一切过异常现象。

（3）掌握方法技巧

要提高观察能力，必须掌握良好的观察方法。观察的方法、技巧等是构成观察能力的重要因素。一个人如果掌握了良好的、科学的、辩证的观察方法，就可以对所观察的对象进行系统的、全方位的、多层次的、多结构的观察，做到在"同"中察"异"、在"异"中见"同"，从而全面、系统地把握观察的对象。因此，学生在观察时应坚持：①充分调动各种感觉器官同时参与观察活动；②对被观察的事物发展的全过程进行观察；③从多角度对事物进行观察；④从整体到部分，或从部分到整体，分阶段分层次进行观察；⑤对复杂庞大的事物，多人同时进行观察，做好分工协作；⑥科学地利用前人观察的结果。另外，写出详尽的观察记录及心得，以巩固观察结果，也是良好观察方法的基本要求。

（4）养成观察习惯

化学是与生活实际紧密相关的学科。小到衣食住行，大到房屋建设和工农业生产，处处离不开化学。因此，要学好化学，在生活中就要养成良好的观察习惯。教师在学生学习化学之初就要对学生提出建议和要求，如每人准备一个观察记录本，每天为自己设计一个观察点，将自己观察的主题、现象及由现象得出的结论记录下来。

2. 化学实验操作能力的培养

实验操作能力在化学实验能力的各要素中占有重要的地位。它包括选择、装配、使用化学实验仪器和化学试剂的能力；选择、组织和完成实验操作，控制实验条件，实现化学过程以及各种预处理、后处理过程的能力。它关系着实验方法和实验方案的顺利实现。学生化学实验操作能力的培养，重在熟练，贵在规范。教师应充分发挥自身的示范指导作用，同时尽量多创造机会让学生反复多练，以求达到其熟练掌握的目标。

（1）选择器材试剂

对于常用仪器，学生要了解它们的名称、原理、构造、性能、特点及注意事项。在实际的实验教学中，一些教师常事先给学生提供实验所需的器材和试剂，这使得学生实验时就缺少了选择器材和试剂这一环节，看似方便又节省时间，实则不利于培养学生通过实验独立解决问题的能力。教师应在实验教学中，重视学生选择器材试剂进行化学实验的环节。

（2）熟练掌握基本操作

熟练掌握实验基本操作的技能是学好化学的重要环节，也是中学化学实验教学的目标之一。严格且规范的基本操作是得到鲜明实验现象和准确实验结果的前提，是避免意外事故发生的保证。

对于各种基本操作，教师均要做出示范指导。学生通过教师规范的动作与讲解，了解实验操作要领。除此之外，学生还要通过课本上的插图和实验室里的挂图等弄清哪些操作是正确的、哪些操作是错误的，以形成正确的印象。要具备熟练正确的操作技能，关键在于加强操作练习。有些学生有畏难情绪，胆子小不敢动手，也有些学生满不在乎、大大咧咧，这些都不利于实验技能的培养。所以，学生在实验室和平常生活中应多细心体会，勤学苦练。

（3）仪器连接组装

在实验中，往往需要将多个仪器或器材加以组装，配合使用。无论是一台仪器各个部位的装配，还是多个仪器或器材的组合，都必须做到正确、合理和美观。有的教师在准备学生实验课时，常常代替学生事先把仪器和药品都装配和称量好。这种做法减少了学生练习和操作的机会。在课堂上，难度不大、比较安全的实验要多给学生来体验，以提高他们的操作能力。新课程标准要求化学课不能把"做"化学实验变成教师"讲"实验，学生"听"实验和"背"实验的过程。

（4）安全故障处理

由于条件限制或操作失误，实验时有可能会产生一些安全问题。为了防患于未然，把危害降到最低程度，每个学生都很有必要了解化学实验中的安全知识，提高安全意识，严格按照实验操作规程进行化学实验。在实验当中，免不了会出现一些实验故障，这大多要由教师帮助排除。但是在教学中，教师也应有意识地培养学生排除一些简单故障的能力。

实验操作能力的培养，并非只有在实验室中才能进行，在日常生活中也能很好地完成。比如将热水袋中的水倒在杯子里，就体验了化学实验中液体药品取用的过程；洗衣服时探究洗涤剂如何使用比较科学，衣服如何漂洗会更干净；炒菜时探究何时放菜、何时放调味品。这些都包含一定的操作程序。一个在生活中善于观察、勤于动手的学生，一定会成为化学实验操作小能手。

3. 化学实验思维能力的培养

思维是人脑对客观现象概括的、间接的反映，是一种高级的认识活动，能反映一类事物的本质和事物之间的规律性联系。化学实验思维则是以化学实验及相关知识为基础，体现在对实验现象与本质、实验方案、化学概念、物质性质、化学规律等方面的思考与认识上。化学实验思维能力涉及对实验课题和实验方案的理解，涉及对实验现象的认知、判断、处理，涉及对实验活动和行为的设计、决策、评价和概括。它包括化学抽象（逻辑）思维、形象（直感）思维和化学灵感（顿悟）思维等。各种思维形式既有共性，又有差异，相互区别、相互联系又相互制约。

（1）结合实验观察

在化学观察活动中，学生需要进行分析、综合、假设、比较、验证、判断、推理等思维活动。因而化学观察不是一种纯粹的感性活动，还包含着理性思维的因素，是"思维着的化学知觉"。学生要掌握知识必须通过自己的思维活动，而观察能为思维活动提供了必要的素材。有些学生把观察简单地理解为只是"看看"，缺乏对看到现象的思考。其实，观察不仅仅是为了获取和积累一些直觉表象，更重要的是对所获取的大量感性材料进行分析、比较、综合、抽象、概括等思维活动。这样学生才能真正通过这些表面现象，认识事物本质属性及其内在联系，使感性认识上升到理性认识。

例如，在学习催化剂和催化作用的概念时，教师可演示实验：将三支分别盛有氯酸钾、二氧化锰、氯酸钾和二氧化锰的混合物的试管加热，在加热过程中，利用带火星的木条进行检验，让学生观察各试管中有无氧气放出（放出的速度），最后再检验第三支试管反应后二氧化锰的质量有没有发生改变。实验结束后，通过分析、综合得出氯酸钾、二氧化锰的性质。这样就为进一步抽象、概括形成催化剂和催化作用的概念，提供了全面、正确的感性材料。以上的判断、比较、分析、综合、抽象、概括等，都是不同形式的思维活动。进行这一系列方式的思维活动，不但能提高学生观察的积极性，让学生做到全面、精细、正确地观察，而且有利于发展学生的思维能力。所以，教师在教学中要经常引导和训练学生运用已有的知识，通过分析、比较、综合、抽象、概括以及归纳、演绎等思维活动，把观察和思维结合起来。

（2）依托问题解决

化学实验问题指在问题的条件、目标等因素中有一个或全部内容与实验有关，而且解决问题的途径主要实验，这是化学实验问题中最重要的特征要素。从内容水平来看，化学实验问题所涉素材一般要超越教材和学生已有的知识水平。也就是说实验有一定的难度，需要一定的思维程序与方法，经过反复思考才能完成。例如，如何用乙醇制备乙二酸乙二酯？在这个问题中，条件（乙醇）与目标（乙二酸乙二酯）没有任何直接的联系，教师可引导学生采用逆推法，即沿着题中给出的条件，搭建起它们之间的"桥梁"，按先后顺序分析，一步步逼近结果。

"由因求果"的思维活动，通常称为正向求解。如果试着从终点入手，步步回推，这就是逆向思维。逆向思维的思维程序与正常情况相反，不是从原因入手来推知结果，而是从结果入手来分析解题思路。通过类似的问题解决过程，学生就能较好地训练逆向思维能力。在引导学生解决问题的过程中，要有意识地培养学生举一反三、触类旁通的学习能力；不能单纯追求问题的结果，教师要通过练习归纳总结一类问题的解决策略；要有意识地引导学生敢于向传统理论提出挑战，对同一问题提出多种不同的理解或解决方法，尤其要重视和保护学生新颖、独特甚至是奇怪的想法，以培养学生思维的发散性。

（3）注重实验设计

实验设计能力从本质上来讲是一种思维技能，是指学生根据问题的需要确立研究目标，应用所学原理，选择适当的仪器、药品和材料，设计各种实验去验证或探索某一原理或改进原有实验路线以更好地达到实验目标的能力。实验设计训练能让学生直接接触科学研究的方法，使学生对预感、推测、实验以及独立解决问题的可能性有正确的认识。根据同一个化学实验问题，可以设计出多种解决方案，能较好地培养学生的发散性思维能力。如教师请学生设计并探究：家里厨房中的食盐和碱面混淆了，用至少三种方法来鉴别这两种物质，并写出完整的探究过程。通过设计实验，学生能学会如何控制或改变实验条件、选择什么样的仪器来实施实验、如何运用规律来解释自然现象、如何由诸多的现象归纳出本质的结论、如何探索科学规律，等等。在实验设计过程中，学生需综合运用各种科学知识，能较好地培养其思维的流畅性、变通性、独创性。所以，实验设计是培养学生创造性思维能力的良好载体。

化学实验能力只能在化学实验活动中逐步形成。化学实验能力是一种特殊的能力，它不能脱离学生智力水平的提高而孤立地发展。学生化学实验能力的形成和发展离不开动机、情感、意志、态度等非智力因素的作用。要培养学生化学实验能力，除了要培养学生通过实验来探索解决问题的"实验意识"外，还要科学精神和结合学生具体情况进行学习目的教育、理论联系实际以及实事求是的科学态度教育，努力培养学生积极的学习情感。

二、化学实验设计的方法

实验设计技能从本质上讲是一种思维技能，是指学生能根据问题的需要确立研究目标，应用所学原理，选择适当的仪器、药品和材料，设计各种实验去验证或探索某一原理或现象的能力。实验设计没有外显动作，主要是在头脑中进行的一种认知活动。在科学实验教学中，培养学生的实验设计能力，对增强实验预见性、减少实验失误、培养学生实验能力及创造性思维都有很大的作用，也是提高实验教学质量的有效途径。

（一）化学实验设计的意义

化学实验设计对发展学生的科学探究能力、提高他们的科学素养具有重要意义。实验设计是运用知识和求新创造的过程。在这个过程中，不仅有对旧知识的运用，而且有对新知识的探求。学生实验设计技能有了发展，往往说明他们的迁移能力、创造性和思维能力也有了较快的发展。通过科学实验，他们能学会如何控制或者改变实验条件、选择什么样的仪器来实施实验、如何运用规律来解释自然现象、如何由诸多的现象归纳出本质的结论、如何探索科学规律等。通过实验设计，学生能直接接触科学研究的方法，对预感、推测、实验以及独立解决问题的可能性有正确的认识。实验设计是对各种科学知识的综合运用，进行实验设计需要有较高层次的实验能力。实验设计的教学意义主要有以下几点。

1. 激发化学学习兴趣

学生根据自己所学的化学知识，独立或在教师的启发下，设计出各种实验方案，成功地解决化学实验问题，从而产生成功后的喜悦，激发出更大的学习热情，有了进一步学习的强劲动力。

2. 获得亲身参与研究探索的体验

美国教育家波利亚曾指出："获取知识的最佳途径是自己的体验，由于自身体验能最清楚地，也最容易得出其中的内在规律、性质和联系。"科学实验强调学生通过自主参与一些类似于科学家从事科学研究的学习活动，获得亲身体验和产生积极情感，逐步形成一种在日常学习和生活中喜爱质疑、乐于探究、努力求知的心理倾向，产生运用所学知识解决实际问题，并且有所发现、有所发明、有所创造的积极欲望。

3. 提高发现问题和解决问题的能力

设计化学实验方案需要学生灵活地、创造性地运用所学的化学基础知识和化学实验基本技能，这可以发展他们解决化学实验问题的能力和创造能力。实验过程围绕着一个需要解决的问题而展开，学生直接参与研究，并最终使问题得以解决。学生在实验过程中，会激活自身储备的知识，通过解决实际问题的探索性活动，提高自己解决问题的能力。

4. 学会分享与合作

合作的意识与能力是现代人所应具备的基本素质。在以往的课堂教学情境中，学生间的交流与合作缺乏充分的机会与条件，而实验则为学生提供了一个有利于沟通与合作的良好空间。学生在这个过程中可以发展乐于合作的团队精神，学会交流和分享研究的信息、创意及成果，并做到在欣赏自己的同时，也欣赏别人。

5. 培养科学态度，增强社会责任感

学生在实验的过程中，通过认真、踏实的探究，会逐渐养成严肃认真、一丝不苟、尊重他人意见的实验态度，形成严谨的科学作风和克服困难的意志品质，这有利于学生认识和掌握科学过程与科学方法、培养不满足于现状的进取精神，同时明白科学知识对于然、社会与人的意义和价值。

（二）中学化学实验设计的原则

在学生具备了一定的化学基础知识、掌握了一定的化学实验操作技能的基础之上，教师有目的地提出一些实验问题，要求学生按照实验目的，根据学过的实验原理和方法，设计出新的实验方案，这是培养学生实事求是、独立思考、开拓创新精神和能力的重要途径。

1. 目的性原则

目的性原则是指在设计科学实验的整个过程中，对实验原理、用品、装置、步骤、方法等的设计，都应围绕实验的目的与要求进行。例如，在一氧化碳还原氧化铜的实验中，实验的目的是说明一氧化碳具有还原性，可把氧化铜中的铜还原成单质，把本身转化为二氧化碳。因此，实验设计的立足点就是如何将黑色的氧化铜转化为红色的

铜，如何将一氧化碳转化为二氧化碳并检验出来。然后据此选择实验试剂、仪器、装置、反应条件、操作步骤和方法，并组装多种有利于黑色氧化铜转化为红色铜的实验装置。

2. 科学性原则

科学性原则是指设计的实验原理、实验方法、实验装置、实验操作等必须和科学理论知识与科学实验方法相一致。

3. 可行性原则

可行性原则是指在设计科学实验时，从实验原理、实验实施到实验结果的产生，都是切实可行的，所选用的化学实验药品、仪器、设备和方法在中学化学实验条件下能够得到满足。

4. 安全性原则

安全性原则是指在设计实验方案时，必须考虑实验过程中的安全问题，尽量避免使用有毒药品、避免进行具有危险性的实验操作，若必须使用或必须进行，应在所设计的化学实验方案中详细写明注意事项，以防造成环境污染和人身伤害。

5. 简便性原则

简便性原则要求在进行实验设计时，必须考虑到实验材料容易获得、实验装置简明、实验药品便宜、实验操作简便、实验量化简单、实验步骤少和实验时间短等问题。这样可以避免学生在进行实验设计时陷入一些烦琐的过程中，而忽视了科学实验中的关键问题，如对实验原理的思考、对实验现象的分析等。

6. 绿色化原则

绿色化学是 21 世纪化学科学的一个重要发展方向，也是中学化学教学中学生应树立的基本化学观念之一。绿色化学倡导从源头上尽可能地消除或减少有毒、有害化学物质对环境的影响，要想实现这一目标，必须从化学实验设计做起。在化学实验设计中体现绿色化学思想，就要在化学反应原料的选择、化学反应条件的选择、化学反应产物的处理、化学实验的操作等环节都应贯彻绿色化学思想。

第四节　传统化学实验与现代技术的有机融合

传统化学实验以演示、验证、定性为主，在培养学生的观察能力、动手能力等方面发挥着不可替代的作用。然而数字化实验（又称手持技术、掌上实验等）在当前各行各业的定量研究中方兴未艾,大有燎原之势。使用数字化实验仪器开展化学实验教学，可在极大程度上弥补采用传统实验手段较难开展定量测定的缺陷，将传统化学实验手段与现代数字化实验相结合，是化学实验教学的发展趋势。

一、数字化实验简述

数字化实验系统主要由传感器（探头）、数据采集器和计算机（包括相关数据处理软件）共同构成，是一种集数据采集、数据处理和数据分析于一体的智能化实验教学平台。它使化学实验室装备获得了数字化接口，可以有力地支持信息技术与化学实验教学的全面整合。

多类型的信息传感器、多通道的数据采集器、多样化的自主操控平台和强大的函数图像功能是数字化实验主要的技术特征。借助这样的技术支撑，我们可以对化学变化及现象进行多角度的感知和多视角的分析、研究。数字化实验系统由于其携带方便、测量精确、数据处理方便、可自动生成表格和曲线、实验结果直观等优势而深受师生的喜爱，成为中学化学教学中备受关注的新热点。

二、传统实验与数字化实验教学整合的教学实例

化学是一门实验科学，传统实验在帮助学生形成化学概念、理解和巩固化学知识、获得熟练的化学实验技能、培养科学探究能力等方面发挥着积极作用。但也有一些传统实验内容陈旧，实验现象模糊，缺乏时代感与创造力，很难激发学生的学习兴趣。适度地将数字化实验引入初中化学教学，发挥现代科技的作用，能很好地弥补传统实验的不足。下面以沪教版九年级化学"化学研究些什么？"一节的教学片断为例进行讲解。

片断一：探究蜡烛燃烧时火焰的温度

教师点燃一支蜡烛。

师：请同学们仔细观察，描述一下燃烧的现象。

生：蜡烛能在空气中燃烧，发出红白色的火焰，产生热量，有部分石蜡熔化，慢慢地，蜡烛越来越短。

师：描述得非常准确。在点燃时，我们可以看到明显的发光放热现象，而且还能观察到烛泪流淌，遇冷凝固，请大家仔细观察蜡烛燃烧的火焰。

生：火焰好像分了几层。

师：观察得很仔细。蜡烛在燃烧时，其火焰分为三层，即外焰、内焰和焰心。三层火焰的温度是不同的，你们猜猜看，哪层火焰的温度最高？哪层火焰的温度最低？可能的原因是什么呢？

师：刚才同学们都发表了自己的观点，在化学科学当中，要评判结论是否正确，最公正的法官是化学实验，让我们一起通过实验来判断结论的对与错吧。

实验设计：将一根木条插入蜡烛的火焰中，1~2秒后拿出来，观察木条的烧焦情况。

学生进行实验，观察到插入火焰最里面的部分木条基本没有变黑，外面的部分已经烧焦了。

生：焰心的温度最低，外焰的温度最高。

师：确实如此。因蜡烛燃烧时需要空气中的氧气，外焰部分接触的氧气量多，所以燃烧得最充分，温度也最高；相反，焰心部分接触到的氧气少，燃烧不充分，温度也最低。那么蜡烛燃烧时不同部位的温度大概有多少度呢？

学生讨论、猜测。

师：要测量温度，就要使用温度计，但一般的温度计的量程只有100℃左右，万一温度太高，就有可能把温度计炸裂了，导致发生事故，所以需要用到能测量高温的仪器。

实验设计：将高温传感器与数据采集器、计算机（安装相关数据处理软件）相连接，组合成一套测量高温的数字化实验设备，来测量蜡烛火焰不同部位的温度。

师生合作进行实验，教师点击软件上的"开始"按钮，学生将三支高温传感器同时插入蜡烛火焰中的不同部位进行观察。

生：可观察到火焰三个部位的传感器反映出来的温度曲线都迅速升高，等数据基本平稳后读数分别是790℃、620℃、510℃左右。

师：蜡烛燃烧时火焰分为三层，其中外焰部分温度最高，其次是内焰，而焰心部分温度最低。

片断二：探究蜡烛燃烧时物质的变化

师：同学们知道蜡烛燃烧以后，固体石蜡会越来越少直至消失，那么其中的物质发生变化了吗？如果发生了变化，那么燃烧后生成的是什么物质呢？

学生讨论、交流。

生：燃烧后物质发生变化了，生成了二氧化碳和水。

师：同学们在小学的自然课中都已经学习过，二氧化碳气体能够使澄清的石灰水变浑浊。根据已有知识，请同学们讨论如何设计实验验证蜡烛燃烧后生成了二氧化碳和水。

学生交流、讨论。

实验设计：在蜡烛火焰上方罩一干燥的集气瓶，观察瓶壁上是否会出现一层水雾，然后用玻璃片盖住集气瓶瓶口，把集气瓶倒过来，并倒入少量澄清的石灰水振荡，观察石灰水是否会变浑浊。

学生进行实验，观察到瓶壁上出现一层水雾，而且澄清的石灰水变浑浊。

师：上面的实验现象说明蜡烛在燃烧时生成了二氧化碳和水，我们也可设计数字化实验进一步测定蜡烛在燃烧过程中的物质变化。

实验设计：在密闭容器（上盖上开有三个小孔，分别插入氧气、二氧化碳和湿度传感器后进行密封）内点燃蜡烛，密闭容器内的物质（主要指氧气、二氧化碳和水）的变化可通过氧气传感器、二氧化碳传感器和湿度传感器以数字和曲线的形式显示出来。

师生合作进行实验，教师点击软件上的"开始"按钮，学生点燃蜡烛，用上盖盖住，观察蜡烛的燃烧情况，同时观察大屏幕上显示的数据及曲线变化趋势，分析容器内物质的变化情况。

生：蜡烛在燃烧过程中，氧气的含量（体积分数）在不断地减少，而二氧化碳浓度和相对湿度在不断地增加，由此可以得出蜡烛在燃烧时，需要不断地消耗氧气，同时生成了二氧化碳和水。

师：化学中把没有生成其他物质的变化叫作物理变化，生成了其他物质的变化叫作化学变化，像上述固体蜡烛熔化为蜡油的过程就是物理变化，而蜡烛燃烧后生成了水和二氧化碳的过程就是化学变化。请同学们根据定义，举一些生活中物理变化与化学变化的例子。

片断三：探究空气中氧气的含量

师：空气是一种物质吗？如果不是，那么空气主要是由哪些物质组成的？你比较熟悉的物质有哪些？

生：空气不是一种物质，我知道空气中含有氧气和二氧化碳气体。

师：很好。空气是一种成分复杂的混合物，含有多种物质。在人类的漫长发展过程中，空气中每一种成分的发现都是非常不容易的。现在我们设计实验来测定空气中氧气的含量。

教师提供资料：

1.氧气能支持燃烧，一般物质的燃烧都需要氧气，然而空气中的其他气体不能燃烧，也不能支持燃烧。

2.红磷在空气中燃烧时，生成的是一种叫五氧化二磷的固体。

实验设计：利用红磷燃烧需要消耗密闭集气瓶内空气中的氧气，燃烧时生成的五氧化二磷是一种固体，集气瓶内压强会减小的原理；用一集气瓶及相配套的橡皮塞（橡皮塞上开三个小孔，分别插入玻璃导管、燃烧匙和压强传感器），燃烧匙中放入足量的红磷，将红磷引燃后迅速插入集气瓶中，燃烧结束并等冷却到室温后再打开止水夹，观察右边烧杯中的水会被吸进集气瓶的体积及压强变化曲线图。

师生合作进行实验，教师点击软件上的"开始"按钮，学生将燃烧匙中的红磷在酒精灯上引燃后，迅速插入集气瓶中，并旋紧橡皮塞。此时观察实验现象及大屏幕上显示的压强曲线图。等到集气瓶冷却，压强曲线也稳定后，打开止水夹，观察现象。

生：红磷燃烧时，产生大量的白烟，然后慢慢地熄灭，等瓶子温度冷却到常温（压强曲线稳定）后，打开止水夹，烧杯内的水被吸入集气瓶中，进入的水约占集气瓶体积的1/5；压强曲线在开始时有短暂的上升趋势，接下来呈明显的下降趋势，直到稳定。

师：分析得很好。同学们已经留意到，燃烧过程中压强曲线一开始呈上升的趋势，即一开始瓶内的压力不减反增，能解释是何种原因吗？

学生思考、讨论。

生：红磷燃烧时放出热量，瓶内气体受热膨胀，压力增大。

师：回答得很好。为了得到较准确的氧气含量，能否在红磷燃烧一结束就打开止水夹？

生：不能，应等瓶内温度冷却到室温时才可以打开，否则进入的水或许会不到1/5。

师：集气瓶中吸入水的体积约占集气瓶体积的1/5，这说明了什么？

生：说明红磷在密闭容器中燃烧后，瓶内压力最终减小，集气瓶中氧气的体积约占空气体积的1/5。

三、体会与思考

将先进的数字化技术手段应用于化学实验及其教学中，可快捷、方便地为学生提供较为精确的实验数据，帮助学生更好地理解实验中所包含的化学核心概念和原理，使学生提高科学探究的能力，体会技术在科学研究和社会生活中的重要意义，增强科技创新意识，全面提高科学素养。

（一）原理更科学

传统化学实验以定性实验为主，缺乏自动采集、处理大量数据的功能，很难与多媒体电脑连接，也缺乏在室外测定的功能，难以培养学生自主、定量地搜集和处理信息的能力以及进行研究型学习的创造能力。数字化实验系统通过传感器进行检测，经数据采集器由专门的数据分析软件进行处理，可以定量测得各类不同的指标数据，所得数据准确、清晰，体现了定量化学实验的科学性。

（二）证据更精准

数学化实验所得的数据与传统的实验方式相比要更加符合客观规律。数字化实验设备这种由采集器、传感器、实验附件以及相应软件组成的实验系统，可以使学生更精确地采集数据。这在很大程度上避免了学生采集数据时可能出现的失误，避免了采集的实验数据出现不可用的情况，同时也避免了很多不必要的误差，十分有利于数据的分析以及结论的得出。利用探究实验设备测出来的数据以数字、图表为主，更客观、真实地展现了实验过程与收集到的证据。

（三）结论更可信

用传统方法进行化学实验时，实验现象主要凭人的感官进行观察，在观察过程中难免会有遗漏、片面或受到其他因素的干扰等情况，会出现现象描述不准确、不全面、主次不分甚至颠倒黑白等问题。数字化实验通过与计算机连接的传感器实时采集数据、记录数据，相当于用传感器和计算机代替人眼、手、纸和笔记录数据，实现了数据记录的连续性与准确性，使获得的结论更加可信。

实验教学是教学过程的有机组成部分，数字化实验则是实验教学的一部分，是传统化学实验的有力补充。虽然使用数字化实验进行化学教学有很大的优点，但也有其局限性（如费钱、费时等）。因此，数字化实验技术的应用要恰到好处，要在深入理解和领会教学要求和学生认知规律的基础上使用，要为解决教学过程中的难点和障碍而使用。

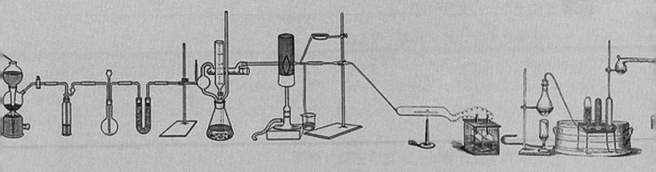

第三章　高中化学教学理论与设计

第四节　化学教学设计的基本内容

一、化学教学设计的概念与特征

（一）化学教学设计的概念

化学教学是根据学校的教育目标，以化学科学体系为基础，按照学生的年龄特点和接受能力所进行的，旨在促进学生身心全面和谐发展的师生教与学的共同活动。它是学校教育实践活动的有效组成部分，是培养学生科学素养，完善学生人格，实现学生主体价值的基本途径。化学教学设计是指为实现一定的教学目标，依据化学学科内容的主题和条件，用教与学的原理来策划教学资源和教学活动的过程。

（二）化学教学设计的研究对象

1. 化学教学设计要研究教与学的关系

化学教学系统是由教师、学生、教学内容及其物质载体（媒体）等相互作用和相互联系着的若干组成部分（要素）以一定的结构方式结合而成的，具有特定功能的有机整体。其中，教师和学生两者之间的关系是教学过程中最本质的关系。在化学教学设计的研究中，要研究教师如何分析学习者的一般特征，学习者的学习需要，也就是学习者当前对化学知识、技能、态度方面的水平和我们预期目标之间的差异。

2. 化学教学设计要研究教与学的目标

化学教学设计不论是对化学课程的设计，还是对一个单元、一节课的设计，最终目的都是完成教学任务，实现教学目标。因而，教师如何分析化学教学目标，使化学教学系统从无序走向有序，是有效进行化学教学的必要条件，也是化学教学设计研究的重要问题。

3. 化学教学设计要研究教与学的操作程序

化学教学中存在着一个突出的问题是化学教学理论与教学实践的分离，化学教学理论不能转化为对丰富多彩的化学教学实践产生直接指导意义的操作技术、方法、策略与模式，而化学教学设计恰恰有媒介的作用，是连接教学理论与教学实践的桥梁。所以，如何将化学教学原理和规律运用于化学教学实践中是化学教学设计的核心问题。

（三）化学教学设计的特征

（1）化学教学设计以化学学科内容为依托，并且受具体教学条件（包括人的、物的、时空的条件，教学的效果、效率和吸引力，化学学习活动的种类等）的限定，设计过程随着设计的对象（某种化学学习活动）、内容（具体学什么）和条件的不同而不同。（2）把有关化学教与学的科学原理转化成教学资源和教学活动的计划，设计要遵循化学教学过程的基本规律及化学科学本身的逻辑。（3）化学教学设计是一项系统性和反思性思考相结合的活动。设计时要把化学教学过程中的各要素看作一个系统，而且是一个开放系统，在这样的系统中需要缜密地分析需求和问题，并通过即时的、依据教学情境脉络的行动中的反思，监控和引领进一步的探索，从整体上实现教学效果最优化。（4）化学教学设计是一个动态非确定性的过程，是融理性和创造性思考于一体的探究活动。设计中要解决的问题是复杂的、实时产生的。就化学教学内容而言，问题有结构良好与结构不良之分；而化学学习过程中问题的目标、初始条件，或可能的转换往往都是不确定的。因此，设计过程中对化学教学问题的理解有时先于对教学问题的解决，而有时两者是同步进行、相互促进，甚至需要多步循环的，目标则是在问题解决过程中逐渐明晰的。这正是一种既需要理性思考又需要创造性思考的探究性设计。（5）化学教学设计需要社会性互动。为了确定需求和问题，为了创造有效的化学学习策略，化学任课教师设计者要跟资源管理者、同事、家长、学生等一起工作。（6）设计的结果是按照教学目标来制造出一份产品——教学方案，但是就其过程而言又是持续、变化、生成性（衍生性）的活动，始于教学互动之前，但遍及教学始终，并通过行动中和行动后的反思不断修订和完善。（7）化学教学设计是一个学习过程。在设计过程中，化学任课教师会发现自己对教学问题及其解决方案的已知和未知，在寻找答案"填补这一裂缝"的过程中建构了新知。因此，任课教师进行化学教学设计的过程就是通过"揭示教学问题与解决方案、新事物与旧事物之间内在的依存关系，去设想并体验快速学习某一尚未存在的东西的一种过程"。

二、化学教学设计的基本要求

(一) 化学教学设计的基本要求

教学设计不是简单地把教科书的内容搬上教案，按课堂教学的程序、以教案的格式书写就能完成的。教科书仅仅为教师提供教学的例子，它的内容和编排不是不可改变的。要把教科书提供的教学例子变成课堂教学可行的学习活动组织方案，应当根据教学实际创造性地进行教学设计。通俗来说，教学设计是教师制定教学蓝图的过程。化学新课程的教学设计包括以下工作：分析教学目标，确定当前学习的主题，创设与学习主题相关的尽可能真实的学习情境；确定和学习主题相关的信息资源（种类、作用、来源、获取与利用方法）；设计学生自主学习方案；设计协作学习的环境；设计学习效果评价方案；设计针对性的补充学习资料。

简要地说，新课程的教学设计要重视以下任务：依据学习目标，以教科书内容为范例，从自然界和社会生产生活实际中选取学生喜闻乐见的素材充实教学内容；为课堂教学提供学生学习活动的方案和相应的教师组织指导工作要点，保证课程标准规定的学习目标的实现；遵循学生的心理发展规律、教学规律组织教学活动，使学生在知识与技能、过程和方法、情感态度和价值观三方面都得到有效的发展；在课堂教学中形成良好的学习氛围，使师生通过情感和信息的交流、互动，共同创造美好的有生命力、有创造力的教学生活，实现教学相长和共同发展。

(二) 化学教学设计应注意的问题

1. 要关注学生的发展

教学设计要注意面向全体学生，关注全体学生的发展，而不仅仅是个别优等生的发展；要注意知识与技能、过程与方法、情感态度与价值观三维目标的整合，促进学生的全面发展，而不仅仅是知识与技能的发展；要做到因材施教，促使每一位学生都能有个性化的发展；要注意保持学生的学习兴趣，培养学生终身学习的愿望和能力，使学生可持续发展。

2. 要关注学生的学习需要

教学设计要关注学生的已有经验和学习需要，从学生的实际出发，设计多种有趣、有意义的学习活动，促进学生积极参与和有效参与。教学设计还要关注学生在学习活动中的情绪生活和情感体验，使学生在探索新知识的经历和体验中获得科学的方法，形成科学素养。

3. 要符合"三序"

教学设计要注意化学知识的逻辑顺序、学生的认知顺序和心理发展顺序三者之间的合理结合。在教学设计中，教师要注意设计合理的知识梯度，分散难点；要注意学习的阶段性；要注意控制好学习目标所要达到的水平层次，不要盲目拔高。对不同层次水平的学生，教师要注意因材施教，既要保证达到标准规定的最低水平，又要使学有余力的学生能得到更好的发展。

4. 要注重转变学生的学习方式

教学设计要注重引导学生主动学习，促进学生自主学习、探究学习、合作学习；要注重引导学生在学习活动中形成和掌握合理的学习策略，指导学生学会学习、学会科学探究的方法、学会自主意义的建构，形成终身学习的方法和能力。

三、化学教学设计的基本层次

化学教学设计是化学教师根据一定的化学教学目标和化学教学内容，以及学生的实际（包括知识基础、能力发展水平、生理和心理发展特点等），运用教学设计的一般原理和方法，对化学教学方案所做出的一种规划。

这种规划可以是长期的，如学期（或学年）化学教学设计、单元化学教学设计；也可以是短期的、现实的，如课时化学教学设计等。所以，相对于教学系统而言，化学教学设计是有层次性的。

高中化学教学设计的基本层次具体如下。

（一）课程教学设计

课程教学设计是课程教学的总体规划，主要制定课程教学的蓝图和宏观方法学。它通常包括下列内容：（1）根据课程标准确定课程教学的任务、目的和要求。（2）根据课程教学的任务、目的和要求规划、组织和调整教学内容。（3）构思课程教学的总策略和方法系统。（4）确定课程教学评价的目的、标准、模式和方法等。（5）在上述工作的基础上，编著制课程教学大纲或者课程教学计划。

（二）学段（学期、学年）教学设计

学段（学期、学年）教学设计是对一学段教学工作的阶段性规划。它是在完成课程教学设计之后，再了解学校的学年（或学期）教育教学计划；通读和初步研究教材；了解过去，特别是上学段学生的学习基础、学习能力和动机因素及学习表现等方面的一般特点和发展可能性。在了解教学资源和物质条件的基础上，主要进行下列工作：（1）考虑本学段教学工作跟前、后期间教学工作的联系。（2）进一步确定本学段教学工作的任务、内容（重点）、进度、基本工作方针、措施以及教学评价工作。（3）制订学

段实验和活动等计划。（4）在上述工作的基础之上，编制学段教学工作计划。

（三）单元（课题）教学设计

单元（课题）教学设计是对一个内容单元（课题）的教学工作进行的局部规划，是以课程教学总体设计和学段教学工作设计为依据，对一个单元教学活动的系统设计。单元教学设计要在比较深入地分析教学内容和主体状态的基础上，进行下列工作：（1）确定单元的教学任务、目的与要求（或教学目标）；（2）确定单元的具体教学内容；（3）确定单元教学的结构、策略和方法系统，包括怎样把握单元内容的内部联系和外部联系、怎样搞好重点内容的教学、划分各课时的教学内容、确定学习方式等；（4）确定单元的教学评价工作方案；（5）在上述工作的基础上，编制单元教学计划等。

（四）课时教学设计

课时教学设计是在课程教学设计、学段（学期、学年）教学设计和单元（课题）教学设计的基础上，根据具体的教学条件，以课时为单位进行的教学设计。在各层次的教学设计中，它是大量和经常进行的一种，其内容比较具体和深入。课时教学设计主要包括下列工作：（1）确定本课时的教学目标；（2）构思本课时的教学过程、策略和方法；（3）选择和设计本课时的教学媒体；（4）准备本课时的教学评价和调控方案；（5）在上述工作的基础上，编制课时教学方案（简称教案，又称课时教学计划）。

这四个层次的教学设计有着不同的特点和要求，需要教师在理解教学任务的基础上注意区分。

从设计的着眼点来看，化学教学设计还可以分为整体设计和局部设计。整体设计是把化学教学作为一个整体，强调各子系统和各要素之间的整体优化，所以它属于系统设计。局部设计更多的是从化学教学过程的环节入手，强调某一环节、某一片段的优化，如导课设计、课的结尾设计、板书设计、实验设计、习题设计等，故它属于具体设计。在实际的化学教学之中，整体设计和局部设计应该相互呼应、互为补充。

第五节　化学教学设计问题及对策

一、课堂教学设计存在的问题

（一）教学设计过分依赖行为描述

传统教学受行为主义心理学的影响是很深刻的。一直都存在着以结果为中心的教学观，只注意了解学生学习知识时的外部行为，把是否记住书本知识和会做题作为学生学习效果的衡量标准，而不去探查这些行为所反映的内部心理机制及其形成条件。在教学设计方法中，过分强调对学习成果外部行为的描述。虽然这是对教学进行系统评价和反馈评价结果所必需的，但在诸如学习将使内部心理机制发生怎样的变化，以及通过哪些行为才能正确推测学生内部心理机制的变化等问题还没有得到圆满解决之前，过分强调这一点效果会适得其反。受这一类思想的影响，教学设计也存在着注重采用行为目标的具体表述与系统分析方法的不良现象。

（二）教学目标设计中的"知识结果中心"

20 世纪 60 年代以前，心理学还没有对什么是知识、什么是技能，以及知识怎样转化为智力和技能等基本问题做系统研究时，教育界对它们也只是做了哲学性和常识性的解释。而行为主义心理学也不主张对内部心理机制的推测，只注重外部刺激如何能引起所希望的反应行为。沿袭这种认识，目前对教学目的的设计通常是对学科知识内容的规定和对知识掌握程度的概括性描述。同时，教学设计注重在教学目标的可观测性、可评价性方面的改进，但没有彻底解决在目标描述中从哪些行为可推测出学生内部心理及其变化的实质性问题。所以在目标分析中，还不能像描述知识掌握那样明确体现能力素质的培养目标。教师忽视学习理论在教学设计中的应用问题，对学生获取学习成果的能力结构和获取知识技能的学习机制缺乏深入研究。这种"知识结果中心"观，在目前教学设计实践中仍有较大的影响。

（三）学习内容分析中的"教材中心"

传流以知识结果为中心的教学目的观，导致学习内容分析中的"教材中心"倾向。在传统教学中，学习内容分析被称为"教材分析"或"处理教材"。在这种分析中，教师通常注重分析教材知识内容的逻辑结构，而忽视了学生将如何运用原有的认知结构去学习知识的思维过程。在目前的教学设计中，因采用了任务分析法和信息加工分析法的先进手段，教学在遵循学习规律方面得到了很大改善。但由于受以知识结果为中心的教学目的观的影响，学习内容r 分析仍然是为掌握知识服务的，所以忽视了学生在掌握知识的学习过程中应如何去发展相应学习能力的问题。提升学习能力只有在学习具体学科知识的学习过程中才能得到发展，因此在教授学科知识的同时，明确地将这种能力的培养也作为教学任务来完成，是当前的教学设计不能回避的问题，否则将无法满足素质教育的要求。

（四）教学策略制定中的"教师中心"

传统教学以知识结果为中心的教学目的观，也导致了教学方法上的"教师中心"。由于教师在教学中只注意学生是否掌握了知识的外部行为，故缺乏对学生认知过程中发展何种能力的目标分析，以及为发展这种能力学生应进行怎样的认知过程的内容分析。这就不可避免地在教学方法上表现出学生认知过程中的"教师中心"倾向。在目前的教学设计实践中，由于采用了系统分析的方法，注意了从众多教改经验中选择少数可促进学生积极参与的新方法。但由于缺乏关于怎样学会思考和怎样学会学习的科学理论的指导，在教学策略的制定上仍然存在着较大的盲目性。

二、化学教学设计的改革

（一）加强有关现代教学理论的学习

对于化学教师来说，即使掌握了多媒体的基本知识和教学软件的设计与制作，如果没有现代教学理论为作支撑，那么提高教学效率仍然是空谈，很可能出现由过去的"人灌"变为"机灌"和"人机一起灌"的局面。建议介绍教学理论的基本概念和行为主义学习理论、认知学习理论与人本主义学习理论等流派在教学中的指导意义。

（二）增加学生的探索性实验

从20世纪中叶开始，以美国为先导的发达国家，在世界范围内开展了一场旨在提高理科教学质量的理科教育现代化运动，使实验探索教学思想有了迅速的发展。该思想主张学生通过自主地参与知识获得的过程，掌握科学研究所必须具备的科学方法，探索性地获得科学概念并逐步形成探究能力和科学态度。这种思想不仅强调自主性、探究性、观察和实验等科学方法，且强调科学概念的掌握、探索能力的形成和科学态度的培养，注重运用观察、实验等科学方法展开探索过程，与今天我们所倡导的素质教育思想是一致的。

（三）鼓励学生积极思维

在教学设计中，教师要善于创设矛盾情境，让学生在学习过程中发现矛盾，鼓励学生大胆质疑，引导学生在不懈的探索中准确运用已有的知识，并不断渗透新知识，使学生在接受、运用知识的同时不断质疑，以调动学生强烈的发现欲望。如在进行"水的电离"这一内容的教学设计时，可以安排由学生用灵敏电流计分小组测定水的导电性能，以发现指针发生明显偏移的实验现象。这样，学生的思维就有可能活跃起来，提出一连串的问题：指针为什么会发生偏移？这和"电解质与非电解质"一节的实验事实相矛盾吗？（在那个实验中水被视为不导电的物质）到底哪个结论正确？水中的导电粒子是什么？它是怎样产生的？这时，教师不急于解释，只适当地进行点拨，接着让学生阅读书本，然后组织学生讨论，让学生在不断的认知冲突中进行自我释疑。

（四）调动师生两方面的积极性

在课堂教学设计中，教师要调动一切可以调动的因素，以便创造温馨、和谐、平等的课堂氛围。只有这样才能充分调动学生学习的主动性，培养他们大胆探索、主动质疑的能力。如果课堂氛围死气沉沉，无疑会给学生一种压抑感，使学生失去主动思维、主动质疑的动力，从而制约学生能力的发展。由于发展的不平衡，学生在课堂上往往会提出一些简单的问题。这时作为一名教师，要对提问的学生进行鼓励，同时要积极引导，激活他们的思维，使他们提出更深层次的问题。如有学生问到这样的问题：$2Fe+3Cl_2 \rightarrow 2FeCl_3$ 与 $Fe+2HCl \rightarrow FeCl_2+H_2 \uparrow$，同样是 Fe（铁）起的反应，为什么一个生成的是三价铁的化合物，另一个生成的是二价铁的化合物？此时教师可以首先肯定提问的学生，接着分析 Fe 跟 Cl_2（氯气）和 HCl（氯化氢）反应会生成不同价态铁的化合物的原因，使提问的学生欣然接受。

（五）利用恰当的比喻

教材的重点、难点往往是令学生感到学习困难的所在。从学生对学习的需要看，他们往往想弄明白所学知识的来龙去脉，但是由于知识间的跨度一时又难以满足这种需要。教师在进行教学设计时应充分考虑这种情况，以便在教学中抓住时机，启发学生主动质疑，并借助形象的比喻，使学生在渐进的探索中找到答案。如在判断溶液的酸碱性时，教师才提问：将 pH=10 的 NaOH（氢氧化钠）溶液稀释 10000 倍，稀释后溶液的 pH < 7 吗？有些学生可能会说 pH < 7。教师这时可告诉学生回答是错误的。为便于学生理解错在哪里，教师可用一个简单的事实打比方：给你一杯略甜的糖水，把它稀释 5 倍，其味道难道成了咸的吗？这样学生即可领悟到碱无论怎样稀释，都不会变酸的道理，这样难点就突破了。

（六）设置学生认识上的冲突

在学习过程中，一些类似知识之间的相互影响，导致了学生对某些知识理解上的模糊化。教师可以利用学生在认识上的这些含糊点来设置认知冲突，使学生澄清认识，理清思路。如学生对非金属氧化物与酸性氧化物、金属氧化物与碱性氧化物之间的关系认识比较含糊，教师可通过下列问题，使学生产生认知冲突。

判断下列说法是否正确？为什么？（1）金属氧化物一定是碱性氧化物；（2）非金属氧化物一定是酸性氧化物；（3）碱性氧化物一定是金属氧化物；（4）酸性氧化物一定是非金属氧化物。

学生通过辨析可知：金属氧化物中有的是碱性氧化物（如 Na_2O 等），有的是两性氧化物（如 Al_2O_3 等），有的则是酸性氧化物（如 Mn_2O_7 等），非金属氧化物中有的是酸性氧化物（如 SO_3 等），有的则是不成盐氧化物（如 CO、NO 等），故上述说法中只有选项（3）正确。这样的话，学生对这组概念的理解就会由含糊变明晰、由肤浅变深刻。

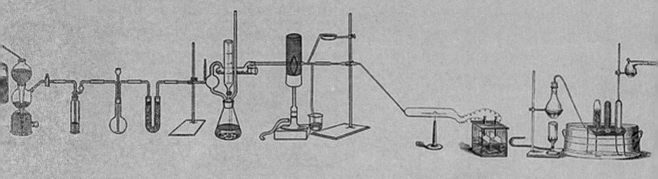

第四章　化学教学技能

第一节　化学实验教学技能

化学是一门以实验为基础的学科。化学实验教学是指教师将化学实验置于一定的教学情境下，为实现一定的化学教学目的而开展的一系列教学活动。化学实验是化学教学的重要组成部分，为学生提供了感性认知材料，激发了学生学习化学的兴趣。作为一名化学教师，理应重视化学实验的教学。

一、化学实验教学的作用

1. 激发学生学习化学的兴趣

化学实验能引起学生浓厚的学习兴趣。"兴趣是第一导师"，长期的教育教学经验告诉我们，教学效果和学习质量的好坏直接取决于学生在学习过程中的态度和情绪，而良好的学习心态的前提是兴趣。化学实验以其独特的魅力，将具体生动的画面呈现给学生，给学生以直观的感受和印象，使学生产生认知的兴趣。

2. 化学实验能够创设生动活泼的化学情境

情境创设是现代化学教学设计的重要内容之一。因为真实的情境，更容易吸引学生的注意，给学生留下鲜明、深刻、难忘的印象，从而强化学生的记忆力，提高学生对相关学习内容的记忆水平，促进学生学习效率与学习成绩的提高。

3. 培养学生的观察能力、想象能力和创造能力

实验教学突出感性和直观性。其要求学生通过观察把握对象的状态和特征，并进

一步领会其含义。在这一过程中，学生的观察能力得到了直接锻炼。同时，具体形象的演示，也可以使学生产生相关的联想和想象，从而刺激学生的形象思维，激发学生的创造意识，提高学生的想象能力和创造能力。

4. 提供正确规范的操作，提高实验能力

在化学实验教学中，教师以规范、准确的操作给学生以示范。学生从教师的示范中，不仅学会实验的规范操作，同时也学会实验的方法，学会用实验研究物质的性质、物质的制备等，从而提升实验能力。

二、化学实验教学遵循的原则

1. 科学性原则

科学性原则是指实验设计（实验原理、实验程序和操作方法）必须和化学理论知识、化学实验方法论相一致。

2. 绿色化原则

绿色化原则就是要在化学实验中尽可能地消除或减少有毒、有害化学物质对环境的影响。也就是说，应将绿色化思想贯穿于化学反应的原料、化学反应的条件、化学反应的产物、化学实验操作等化学实验全过程。

3. 可行性原则

可行性是指设计化学实验时所运用的实验原理切实可行，所选用的化学试剂、实验仪器、设备和方法在中学的条件下能够得到满足。

4. 安全性原则

安全性是指进行实验设计时应尽量避免使用有毒的化学试剂和具有一定危险性的实验操作。若必须使用，一定要详细说明注意事项，严格按操作规范操作，以确保师生的绝对安全。

5. 简约性原则

简约性是指要尽可能采用简单的实验装置，用较少的实验步骤和试剂，在较短的时间内完成实验，即易操作、用量少。

6. 示范性原则

示范性是指实验效果明显、操作规范。实验效果直接影响到学生对知识的理解，明显有助于学生获得第一手感性材料，有利于学生掌握概念、理论等知识。正确、规范的实验操作既是演示成功的基础，也是提高演示效率的前提，同时还是直接影响学生实验技能培养的因素。

7. 实事求是原则

在化学实验教学中，当出现意外的现象或结果时，要作出科学的分析和解释，一时无法解决的，要根据实际情况，课后再探究，不可轻易做出结论。万一实验失败，有时间就找出原因重做，没时间就另找机会补做。总之，教师必须以实事求是的科学态度对待失败。

三、化学实验教学的要求

化学实验教学是为了完成一定的教学任务，由教师精心设计的实验活动。不管化学实验是由老师演示，还是由师生共同完成，都要遵行下列七个要求，以确保实验在教学中发挥应有的作用。

1. 目的性

实验的目的性明确，设计的实验必须与讲授内容有密切的联系，不要单纯为了吸引学生的注意而将与教学内容无关的实验引入课堂。

2. 直观性

实验是为了帮助学生获得感性材料，所以课堂实验设计一定要做到现象明显，以便学生观察。另外在实验过程中，教师要尽可能设计一些复现率高的实验，使现象反复出现，突出研究的主要内容，以便学生更好地观察实验现象，抓住现象本质。

3. 示范性

教师在进行实验演示时，要给学生准确、规范的实验操作，就要从仪器、药品的摆放入手。药品的摆放要按照一定的规律，如酸、碱、盐、氧化物、水等的顺序，药品的标签对着学生，让学生清楚教师每一步使用药品的情况，有利于学生紧跟教学步伐；仪器的大小、高低、长短要和谐，布局合理，重心稳重。和谐有序的仪器安装与摆放整齐的药品，不但能给学生以美的教育，更重要的是能使形成一种观念和习惯。化学实验是一项严肃认真的工作，来不得半点马虎。

4. 可靠性

教师的每一次实验都要尽量做到成功，这就需要教师在课前做好充分准备。如果教师演示实验成功率不高，或者有几次失败，都会给学生带来不良的后果，使学生对化学实验缺乏兴趣，进而对学习化学失去兴趣。

5. 安全性

实验要确保是安全的，只有这样才可保证教学顺利进行。

6. 演示与讲解配合

在化学实验教学中，演示实验的同时讲解非常重要。实验时，教师要指示学生有重点地观察，并启发他们思考问题，通过分析综合揭示现象背后蕴含的本质内容，做到演示、讲解、思考的和谐统一，启迪思维与培养能力的和谐统一。

7. 时间性

化学教学要注意课堂的节奏，一个实验花费的时间不宜过长。时间太长，课堂就没有了节奏感，会降低学生的兴趣，使学生容易疲倦，不利于课堂教学。

四、化学实验教学的步骤

化学实验教学有多种类型，每种类型的实验教学技能均有其独特特征，也存在设计上的共同点。一般的实验教学呈现的大致程序：引入实验→板书→介绍媒体→实验假设→操作控制→指引观察与思考→整理与归纳结论。

五、化学实验教学的类型

1. 验证式实验

验证式实验是指研究对象形成了一定的认识或结论，为验证这种认识或结论而做的实验。这种实验在加深学生对相关知识的理解和记忆方面发挥着积极的作用。

2. 物质制备实验

物质制备实验是中学阶段的主要实验类型。此类实验的教学设计：一方面要引导学生掌握制取物质的反应原理，根据反应原理、制备物质的性质以及反应原料的状态选择所用的制取装置、收集装置；另一方面要启发学生思考实验中涉及的问题。

3. 探究式实验

探索研究化学物质未知性质、组成或者其属性，是在教学中通过问题情境，学生自己提出假设，进行实验设计，探究、获取信息，最后归纳出结论的一类实验。这类实验让学生体验科学探究的过程，学习科学探究的方法，对培养学生的科学素养发挥着重要的作用。

六、基于化学实验的课堂教学设计

1. 导课实验教学设计——设疑激趣

以化学实验导入新课，目的在于用化学实验构建教学情境，着眼于调动学生探究新知识的欲望，激发学生的学习积极性。导课实验教学设计是带有探究性的创设问题情境的设问导课，把学生的兴趣、注意力集中于演示结论的探索之上。

2. 新知识讲授的实验设计——以实验启发认知

新知识讲授中涉及的实验必然是验证性实验。在化学教学中，验证性实验不仅可以提高学生对知识的认识，也能培养与锻炼学生的创新能力，关键是教师要正确引导。

3. 相近知识实验设计——以对比实验区分异同

比较法是一种常用的教学法，在实验教学中也常常用到。因为化学物质和化学反应本身就具有很强的相似性和相关性，特别是同族元素性质非常相似，所以化学实验教学中常常利用物质间的相关性和相似性进行对比教学，以便学生实现真正意义上的理解与记忆。

教师通过对比实验，不但能够使学生掌握各物质的性质，而且还能使他们理解这些变化的本质，进而使他们分析问题、解决问题以及探究知识的能力得到较大程度的提高。

第二节　化学结课教学技能

结课是教学过程中的重要环节，它与导课呼应，导入的内容与问题在课堂结束时应该有完善的交代或解答。结课不仅可以使学生及时、系统地巩固和运用所学的知识，还可以为下节课设置悬念，诱发学生兴趣。因此，结课是一种教学艺术。富有新意、恰到好处的结课，能产生画龙点睛之效果。

一、结课技能的概念

结课技能是教师在一个教学内容结束或一节课的教学任务终了时，有目的、有计划地通过归纳总结的活动，使学生对所学的新知识、新技能及时地巩固、概括、运用，并将其纳入原有的认知结构中，形成新的完整的知识结构，为以后的教学做好过渡的一种教学行为。也就是说，结课技能是教师对课堂教学进行总结归纳，扩展新旧知识之间的联系以形成系统的教学行为。

二、结课技能的作用

（1）概括作用。强调重要的事实、概念和规律，概括、比较相关的知识，使新知识和学生的认知结构建立联系，形成知识网络。

（2）桥梁作用。小结后，为下节课提出新课题或新知识点，可建立新旧知识间的联系，承前启后，在本节课与下节课间架起知识的桥梁。

三、结课技能的一般过程

教师的结课方式因上课内容的不同而不同。一般情况下，结课大体需要经过下列四个阶段。

（1）简单回忆。简单回顾整个教学内容，整理认知思路。

（2）提示要点。指出内容的重点、关键，必要时可做进一步具体说明，加以巩固和强化。

（3）巩固应用。把所学的知识用到新的情境中，解决新的问题，在应用中巩固知识。

（4）拓展延伸。把前后的知识联系起来，形成系统，并且把课题内容扩展开来。

四、结课技能的注意事项

（1）语言精练。结课要紧扣本节课的教学重点，切中要害，不能面面俱到，更不能简单地重复，语言要精练，不拖泥带水。结课要有利于学生回忆、检索和运用。

（2）首尾呼应。结课时要注意照应开头，对于课前留下的问题，一定要在课的结尾时给予解答，同时把零散的知识串联起来，形成完整的知识结构，做到首尾相连、前后照应。

（3）调动学生。结课是在新学知识的基础上对知识的巩固应用，所以要充分发挥学生的主体作用，不能包办代替。

（4）控制时间。结课的时间虽然没有标准，所花费的时间也由选定的方法来定，但在一般情况下，以下课前 3～5min 为宜，特别是不能占用下课时间结课，那样结课的效果很不好的。当一切活动有条不紊地完成后，下课铃响，最受学生的欢迎。

五、结课技能的设计类型

不同的教学内容，可以选择不同类型的结课；不同的教师，处理结课的手段也不相同。与导课一样，结课也没有固定模式；既可以以教师为主，也可以师生合作；既可以系统概括，也可以采用巩固练习的形式；既可以以一两个问题为重点，也可以从全面、系统的角度出发；既可以以本节内容为主，也可以联系以前学习的内容等。

第三节　课堂教学设问技能

一、课堂教学设问技能的概念

课堂教学设问技能是指在教学过程中教师以问题的形式，通过师生的互动，促进学生参与学习，了解学生的学习状况，检查学习，启发思维，巩固知识，运用知识，发展能力，实现教学目的的一种教学行为方式。

课堂教学设问技能是教师的一项基本教学技能，被广泛地运用于教学的各个环节。良好的课堂教学设问技能不但可以活跃课堂气氛，激发学生学习兴趣，了解学生掌握知识的情况，而且可引发学生思考，调节学生思维的节奏，让学生获得问题解决后的满足感。

二、课堂教学设问技能的作用

思源于疑，没有问题就无以思维，思维总是从解决问题开始的。在化学教学中，教师要善于提出启发性问题或质疑性问题，创设新异的教学情境，给学生创造思维的良好环境，让学生经过思考、分析、比较，加深对知识的理解。实践证明，出色的课堂提问能够引导学生去探求达到目的的途径，养成善于思考的习惯。好的设问技能有如下四个方面的作用。

（1）有利于集中学生的注意力。良好的设问情境，可使学生集中注意力，并产生解决问题的自觉意向。

（2）有利于启发学生积极思维。"思维自惊讶和疑问开始"。当问题呈现在学生面前时，就会引发学生的认知冲突，促使学生积极主动地运用已有的知识与经验，来分析当前问题，从而启迪学生思维，促进学生思维能力的发展。

（3）有利于增进师生交流。教学本来就是教与学的双向活动，课堂设问是实现课堂师生交流的重要途径。通过设问可以为学生提供阐述自己观点的机会，提高学生的表达能力；有利于师生交流，学生之间相互启发，取长补短；同时也有利于教师了解学生的思维状态，以便教师更好地帮助学生学习。

（4）有利于教师及时了解学生的学习状况。任何教学效果必须是依据学生的学习情况来定的，而要及时了解学生的学习状况，只能通过课堂教学的设问获得。通过课堂教学的设问，教师可以了解学生对知识的理解程度，明确学生对重点内容的掌握情况，发现学生在哪个知识点出现认识上的错误，探明整个班级的大概情况，以及时调整教学策略和教学节奏，让后续的教学活动更富有成效。

三、课堂教学设问技能的特点

（1）目的性。明确目的性，是课堂提问成功的先决条件。课堂设问应该服从教学目标，围绕重点、难点和学生容易混淆的内容。在什么时候问，问什么问题，问题提出后要达到什么效果，教师都要有明确的目的性。

（2）趣味性提问。一定能够激发学生的兴趣，提问内容、提问方式等都要力求新颖别致。在教学中创设问题情境，应力求让学生认识到化学与社会、生产与实际生活的联系，让学生感受到化学知识应用的无穷魅力。

（3）科学性。确保问题是合理的、真实的、符合逻辑的、有科学依据的。设计的问题不仅要体现化学学科知识的内在逻辑顺序，而且提问的方式、角度要符合学生的认识规律和思维规律，同时问题的范围要合理。

（4）层次性。提问应着眼于教学的重点、难点、关键点。对于一些较复杂的问题，要尽量化难为易，设置一些过渡性问题，逐步推进。随着问题由简单到复杂的层层推进，学生很容易抓住事物的本质。

（5）全员性。提问应面向全体学生，问题的难度应适合绝大多数学生。只有这样才能吸引所有的学生参与到教学活动中，促使每一个学生认真听课，积极思考。

四、课堂教学设问的类型

1. 根据教学提问的水平分类

（1）回忆水平提问。这种提问要求学生回忆、检索已有知识来回答问题。例如，复述化学基本定义、定律和原理，复述物质的性质与用途，再现化学用语、常用的计量单位及必要的常数，再现化学仪器的名称、使用方法与基本操作要点，复述化学实验现象等。

（2）理解水平提问。这类提问要求学生用自己的语言叙述所学的知识，能对照和比较知识和事件的异同，能把知识由一种形式转变为另一种形式。例如，领会化学基本概念、原理，化学反应规律的含义、表达方式和适用范围的问题；从物质发生的化学变化解释化学现象的问题等。

根据学生理解程度的不同，理解水平提问可分为三种类型。

①用自己的语言描述所学的知识中的事实、现象，以便了解学生对问题是否理解。

②用自己的语言表达学习的主要内容，以便了解学生是否抓住了问题的实质。

③对比同类事物、现象，归纳出异同点，来判断学生是否达到了深层次的理解。

（3）应用水平提问。这类提问要能把先前所学知识迁移到新问题情境之中，要求学生把所学的概念、原理等知识用于解决新问题。例如，运用化学概念、原理解决一些具体化学问题，运用元素化合物及有机化学知识解决物质简单制备、分离、提纯和检验的问题，运用化学计算解决化学中的定量问题等。

（4）分析提问。它要求学生运用已学过的知识，分析知识的结构因素，理清事物的关系（现象与本质）及前因后果。比如，分析影响反应速率和化学平衡的因素，就要理清外界因素对二者影响的实质原因有何不同。

分析提问主要涉及的问题如下。

①分析概念、原理、规律的构成要素。

②分析物质或事物的共性。

③分析产生复杂化学现象或者事实的原因等。

（5）综合水平提问。这类提问要求学生在记忆中检索与问题有关的知识，对知识进行整体性的理解，并将这些知识以新的有创造性的方式结合起来，形成新的联系。

（6）评价水平提问。这类提问要求学生就给出的材料作出自己的价值判断和选择。评价水平提问是最高水平的提问，它能帮助学生根据一定的标准评判事物的价值，从不同角度认识和分析问题，评价事物。评价提问主要包括观点的评价和方法的评价等。

2. 根据教学设问的呈现形式分类

（1）直问。开门见山，直截了当提出问题，即"问在此而意在此"。对此类提问，学生可以直接回答，而不必拐弯抹角。这类提问适用于记忆水平的检查，其主要目的是检查学生对书本中的基本知识、基本概念的掌握情况。

（2）曲问。迂回的设问方法，即"问在此而意在彼"。为突出某一知识重点，从问题的另一个侧面入手提问，达到讲清概念、明确原理的目的。例如，讲化学平衡概念时，先问学生溶解平衡的概念，由此入手弄清化学平衡的概念。

（3）反问。这是一种相反方向的提问。这种训练方式可以培养学生的逆向思维，产生正面提问达不到的效果。比如，初中讲酸的概念时，可设问：NaH_2SO_4 是酸吗？为什么？通过对这类问题的判别，学生很容易将酸的概念弄清楚。

（4）引问。一种引导性提问。对学生难以理解的概念或问题，需要疏导或提示，设置问题帮助学生增进对概念的理解或问题的解决。

（5）追问。为了让学生弄清某一概念或某一规律，在某一问题得到肯定或否定的回答之后，更深层次地发问，便于问题的深化。

（6）复问。复问又称并行提问，即在同时提问几个学生。通过多个学生的回答，集思广益，帮助学生找到答案。其可以充分调动学生的学习积极性，也便于教师了解学生的学习状况。

五、课堂教学设问的技能与策略

问题要精心设计，要在课堂教学中发挥应有的作用，既要考虑学生既有的知识基础，还要考虑设问的方式和策略。问题设计要符合学生的知识水平，问得恰到好处。

1. 在哪问

提问时机的选择直接关系到提问的成效。创造并把握设问的有利时机，可以收到事半功倍的效果。在化学教学中，可以从以下九个方面把握设问的时机。

（1）在导入新课时设问。课堂伊始，通过设置问题情境，把学生的注意力引向主题，从而使学生产生强烈的求知冲动，使学生渴求知识的心理处于"激发状态"，极大地发挥学生的主体作用。

（2）在新旧知识的连接点设问。既可以复习旧知识，又有利于引发学生思考，加深对新知识的理解与掌握，突出知识的整体性。

（3）在教学重点、难点处设问。在重点处设问，能使学生集中注意力抓住一堂课的核心，准确掌握知识实质，顺利完成教学任务。在难点处设问，可以将难点内容设置成一个个梯度问题，降低教学难度，有利于帮助学生消化难点。

（4）在内容的疑点、模糊点设问。学生在学习过程中，经常会出现思维疑惑或思维受阻的情况。此时，教师要根据学生的实际状况，及时设置一些问题，帮助学生排除困惑，使教学顺利进行。

（5）在兴趣点处设问。在学生感兴趣的地方提问，可充分调动学生的学习热情，提高教学效果。

（6）在无疑处设问。在化学教学中，有些地方看似无疑，却蕴含着智力的因素，教师要从中深入挖掘在学生看来不是问题的问题，设置疑问，调动学生的学习积极性。

（7）在枯燥无味中设问。在化学教学中，有很多化学概念和化学理论知识，学生学习起来会感到比较枯燥乏味。在此处设问，可以调节学生的学习情绪，使学生疲倦的心理得到缓解，提高学生的学习兴趣。

（8）针对典型错误提问。针对学生出现的典型错误，教师要及时提出问题，引起学生注意，使学生能够吸取教训，避免以后犯类似的错误。

（9）在结课时设问。新课结课的方式有很多。教师根据教材内容和学生的学习情况，通过设置问题的方式结课，将一堂课的内容以问题的形式归纳总结，可以有效帮助学生巩固知识。

2. 问什么

"问什么"是指问什么内容的问题。尽管中学化学课程的内容较多，不同的内容设置的问题形式不一样，但问题的内容有其共有的特征。

（1）提问内容要具有思考价值。教师要多编拟抓住教学内容的内在矛盾及其变化发展的思考题，为学生提供思考的机会，并在提问中培养学生的思考能力。

（2）提问的内容要有趣味性。设计的问题要丰富有趣，能够引起学生的兴趣，从而激励他们去探索。教师要着眼于教材的知识体系结构，巧妙地构思设计问题，让学生在有趣、愉快的氛围中答疑解惑。

3. 问的层次

提问的内容要有层次。提问的效果如何，在于是否能帮助教师较好地实现教学目标。一节课能否完成教学任务和目标，要考虑能否照顾到每一个学生的实际，充分调动全体学生的学习积极性。这就要求教师设计不同水平的问题，向不同学生提问，并通过不同的提问技巧来促进教学目标的实现。

教师在讲一较复杂的问题时，可设置由浅入深、由表及里的阶梯性的问题系列。在课堂上，教师应针对问题的难易程度依次提问相应的学生，使学生先完成一些铺垫性的准备题，层层深入地分析较难的问题，使学生的思维由表象到本质、由简单到复杂步步展开,从而掌握知识。

4. 问的方式

设问是课堂教学的一门艺术。设问的方式要综合考虑其效果的有效性,有的时候可以直问,有的时候需要曲问。对于探究性内容的问题,因其任务主要是引导后续活动向一定方向展开,要求开始的问题具有一定的导向性。例如,在讲解氯水的漂白性课题时,设计这样的问题:在新制的氯水中滴加石蕊试液,溶液会有怎样的变化?这个问题的提出,就是引导学生思考的方向。而教师接着提出的问题:为什么溶液为什么会从红色变成无色?为什么要强调新制的氯水?新制的氯水与久置的氯水有什么区别?为何溶液最终会变成无色?这些问题是引发学生深化思考而进行的发问、追问。通过变换问题将问题深化,具有很强的针对性和启发性。这些问题因是由上面的问题引发而来,无疑成为形成性问题。对于氯水的漂白性的鉴定方法有多种方式,教师还可以提出评价性问题(为了检查、评价学习效果而提出的问题)等。

5. 问的范围和频率

问题的范围也称问题的广度,即思考范围或问题空间。广度小可以突出问题的重点,迅速发动学生思维,提高效率,节约时间;但同时也容易对学生产生束缚,影响学生思维活跃程度,因而要教师根据教学内容和学生实际设计问题。

问题的频率也称问题的密度。课堂提问固然重要,但也不是越多越好,教师一定要根据教学内容和具体情况,设计适量的课堂提问。太少,则难以激发学生的学习兴趣和参与热情,影响教学效果;太多,则必然会降低问题的质量,使课堂提问流于形式,不利于培养学生良好的思维习惯。通常,一堂课的最佳提问个数由讲授的教学内容来决定。

6. 问谁

提出了问题,学生思考之后,接下来教师需要考虑的就是,该请哪个学生回答问题。因为学生的个体差异是客观存在的,不同的学生基础不同,理解能力也不同,思维方法也就相同。请谁回答,通常有如下列几种情形。

(1)新课教师主要针对的是课堂内学习的内容设问,功能是检查学生是否接受了教学内容。对于难点内容可以叫等生回答,若优等生都无法回答当堂学习的知识内容,那么教师必须反思教学环节,重新调整教学思路;对于比较容易理解的内容可以考虑让中等生或学困生回答,由他们的回答来评估整体学生的学习情况,为下一步的教学提供参考。有时,为了课堂教学的需要设置一些错误的结论,从错误的结论展开教学时,也可考虑让学困生回答问题,以此错误开展教学活动,来达到教学目的。

(2)复习巩固旧课可考虑提问中等生。中等生代表一般学生掌握知识的水平,通过提问中等生可了解大部分学生的学习状况。

六、课堂设问的操作步骤

（1）引入提问。引入提问时，要注意在宽松愉快的环境中进行，务必使学生主动参与，敢于回答问题。问题的引入要注意时机、设问方法等。

（2）提出问题。陈述问题应简洁明确，要有提示。

（3）停顿面向全体学生。学生思考过后，教师根据题目的难易程度再确定让什么层次的学生回答。

（4）探查指引。当学生思考遇到瓶颈时，可以设置一些辅助性提问，以帮助学生思考问题的答案。

（5）反映评价。学生回答后，教师要对学生的回答作出正确的评价，在学生回答错误之处必须及时给予纠正，并给出肯定的结论。有时还要重复结论，以便学生牢固地掌握知识内容。有些知识点还需要延伸、扩展，以拓展学生的知识面。

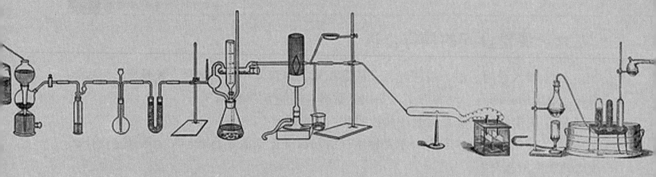

第五章　高中化学实验教学法

第一节　化学实验研究的分类

　　在化学教学中，为了获得更好的化学实验教学效果，研究者对化学实验进行了多方面的研究，并取得了十分显著的研究成果。化学实验研究有不同类型，而不同类型的化学实验研究可能有着不同的过程、方法和特点，但是也有一些相同之处。

　　关于化学实验的研究，因为不同的研究者关注的焦点不同，因而综述出来的实验研究的特点和范围也不尽相同。高中化学新课程的宗旨是"进一步提高学生的科学素养"，这就决定了化学实验教学的总目标是提高学生的科学素养。因此，化学实验研究的目的就是做好高中化学实验教学，提高化学实验教学质量，培养学生的创新能力和实践能力，以适应社会发展需要。基于上述目的，可以把高中化学实验研究分为以下五种主要类型。

一、系统性研究

　　从系统论的观点来看，化学实验是一项系统的，由实验者、实验对象和实验手段等要素构成的活动。就化学实验本身而言，化学实验系统是由实验原理、实验物质（试剂）、实验条件、实验装置、实验操作以及实验结果等要素组成的有机整体。实验者为化学实验的主体。化学教学中的实验者，可以是化学教师（演示实验者），也可以是学生（学生实验者）。实验对象是化学实验研究的客体，它涉及两个方面：一是研究什么样的客体；二是研究客体的什么，即化学实验的内容。实验手段是实验者发挥主体性，控制和认识实验对象的重要工具。实验手段常分为实物形态的手段（比如实验仪器、工具和实验设备等）和观念形态的手段（如实验方法论和化学实验方法等）。实验方法论是关于实验方法在科学实验中产生、形成和发展的理论。化学实验方法是化学实验本身所特有的一类科学方法。可见，在高中化学实验研究中，系统性研究就是对高中化学实验及其要素做整体的研究。

该类研究的主要内容有：①研究化学实验的系统结构及其要素，以及要素之间的关系等；②研究化学实验与化学教育教学乃至素质教育的关系，以及化学实验的教育教学功能等；③研究化学实验系统的特点、分类、基本要求和评价标准等；④研究化学实验的内容、形式及呈现方式等；⑤研究化学实验内容的基本特征（基础性、时代性、选择性）等。

二、认知性研究

在高中化学实验研究中，所谓认知性研究又称为实验原理研究，是以获得或探索化学实验的设计和改进所需要的科学认识为目的的一类实验研究。该类研究的主要内容有实验的化学原理、条件原理、装置原理、操作原理等。

三、技术性研究

在高中化学实验研究中，技术性研究是以运用已有的知识和技术进行化学实验的设计和改进，形成良好的实验方案为目的的一类实验研究。此类研究又称为化学实验的方案研究或者开发研究。

此类研究的主要内容包括：实验的化学原理变换，实验药品的替代，实验仪器、装置等的设计、改进和制作等；开发实验仪器；研究低成本、小污染的化学实验；充分利用生活中的常见用品和废弃物，设计富有特色的化学实验等。

四、应用性研究

在高中化学实验研究中，应用性研究即研究化学实验在化学教学中应用问题的一类研究，常称为化学实验的教学研究，其目的是充分发挥化学实验在化学教学中的作用。同一类型的实验，也可选择不同的实验技术、不同的实验内容和不同的实验策略。

五、发展性研究

在高中化学实验研究中，发展性研究是指研究化学实验的发展问题，以化学实验更好地适应基础教育化学教学改革和社会发展需要为目的的一类研究。

近年来，为配合化学课程改革的要求，国内外的典型教科书几乎无一例外地对化学实验进行了一些调整。改革的主要措施涉及六个方面：①注重联系生产与生活实际；②加强定量实验；③发展微型化学实验；④开展绿色化学实验；⑤增强实验的探究性；⑥重视实验的趣味性。从化学实验改革的内容、类型和发展方向来分析归纳，高中化学实验的新发展和发展趋势有以下几个方面。

（一）高中化学实验的新发展

1. 家庭化学实验

将化学实验场所延伸到学生家庭中，可为学生提升动手实验的机会，增强学生的学习兴趣，因此出现了家庭化学实验。家庭化学实验是指在教师组织、指导和安排下，由学生在家庭环境下，从家庭日常生活用品中寻找一些易得的试剂和代用品，进行简易操作的一类化学实验。例如，教师指导学生在家中用食盐、食用油与面粉做不同物质溶解性的比较实验等。

根据家庭条件，家庭化学实验的内容可以不限，方法也可多样，总之就是结合家庭条件，因地制宜。

2. 密闭式化学实验

当前，高中化学实验十分重视实验环境的保护措施，并出现了一类防污染的密闭式化学实验。所谓密闭式化学实验，是指在化学实验中，为了不让有害气体外逸，使有害气体在相对密闭的装置内进行物理变化或（和）化学变化的一类化学实验。例如，在密闭的实验装置内，进行硫化氢气体的制备和性质探究的组合实验。

3. 微型化学实验

微型化学实验是 20 世纪 80 年代初在美国几所高等院校基础有机化学实验室里实验成功的。80 年代末期，这种方法和技术的应用范围已经由有机化学迅速扩展到无机化学、普通化学和高中化学的实验教学中。

所谓微型化学实验，是指在一些专门设计的微型仪器装置中在不影响实验效果的前提下，将实验药品的用量减少到最低限度（药品用量通常只有常规化学实验药品用量的十分之一至千分之一）的一类化学实验。微型化学实验具有两个最基本的特征：一是仪器微型化；二是试剂微量化。同常规化学实验相比，微型化学实验具有以下一些特点：①节省了实验经费。实验表明，微型实验的试剂用量比常规实验节省 90%，且采用代用品做实验，在仪器花费上也很少，故微型实验大大节省了实验经费。②操作安全，污染小。微型实验药品用量少，反应产物少，实验中不会造成危险；同时，生成的污染性物质的量少，对环境的污染小。③节省实验时间，仪器简单，药品用量少，反应速率快，现象明显。④微型仪器来源广泛，可以做到人手一套，有利于激发学生学习化学的兴趣。教学中，教师只要积极引导，就能实现人人动手的目标。学生通过自制仪器和动手做实验，既锻炼了动手能力，也培养了创新思维能力；同时，较强的参与意识及微型实验的内在魅力，又大大激发了学生进行化学实验的兴趣。例如，用曲管组做硫化氢的合成和分解实验。

虽然微型实验同常规化学实验相比，具有许多优越性，但是在教学实践中也显示出一些不足，如某些实验操作（如加热、搅拌、过滤、萃取等）不太方便，难度较大；实验条件控制的精确程度较低；定量实验的难度和误差都较大；实验现象的可见范围小，不适宜作为演示实验等。

4. 系列化学实验

所谓系列化学实验（又称组合化学实验），是指为了使有关化学知识、实验技能结构化、系统化，将几个相关联的化学实验按照某种主题或一定顺序相对集中起来所进行的一类化学实验。

例如，按照卤素的化学性质递变规律，在同一实验装置中，可做卤素活动性比较的实验。

5. 应用新技术、新材料和新仪器的化学实验

应用新技术、新材料和新仪器的化学实验，是指把新技术、新方法、新材料和新仪器应用于高中化学实验中的一类化学实验。

例如，电子天平、红外光谱仪、色谱仪、原子吸收光谱仪、核磁共振仪等现代化学分析测试仪器（技术）已在新课标教科书的化学实验中出现，有的已在高中化学实验中得到应用。

（二）高中化学实验的发展趋势

1. 化学实验趣味化

化学实验具有动机功能，可以激发学生学习化学的兴趣。化学实验作为增强学生学习化学兴趣的一种手段是其他手段无法比拟的。合理的化学实验能渗透化学知识的传授、技术的训练和能力的培养，并且能成为引起学生学习化学兴趣的教学情境。鉴于此种情况，国内外化学教学中的实验设计已向题材新颖、趣味性较浓的实验方向发展。例如，氨的催化氧化实验可设计成二氧化氮的制备和喷泉的组合实验。

2. 化学实验简便化

化学实验越简单，就越容易实施。所谓化学实验简便化，是指用最少的药品、仪器、实验步骤和最简单的实验装置，在极短的时间内，获得最佳的实验效果。例如，卤素活动性比较的实验在滤纸上做，可使该实验的药品、仪器用量少，污染小，操作简单。

3. 化学实验绿色化

化学实验中常有污染物存在，但采取合理的实验措施，可减小污染物的影响。所谓化学实验绿色化，是指化学实验对实验场所和环境的污染降低到最低限度。从实验

设计角度考虑，所谓化学实验绿色化，就是选取绿色化的原料、采用体现"原子经济性"原则的化学反应，使所获得的产物绿色化。所谓"原子经济性"，是指化学反应应该最大限度地利用原料分子中的每一个原子，使它们都结合到目标分子（产物）中，从而实现零排放（即没有副反应、不生成副产物、不产生废弃物）。

针对化学给人类赖以生存的环境带来的诸多负面影响，人们提出了绿色化学（Green Chemistry）的新理念。如今，绿色化学的理念已经成为国内外化学课程改革的重要思想，开发绿色化学实验也成为化学实验改革的新趋势。绿色化学实验是指实验所用试剂、实验进行的条件、实验产物对环境的负面影响很小或根本没有影响的一类化学实验。因此，改进反应物、控制反应条件、降低生成物的危害程度已经成为化学实验绿色化、研究减少实验室污染的一条新思路。

实现化学实验绿色化的有效措施主要有：①进行密闭实验，对反应产生的气体、液体和固体设法予以收集和处理，避免敞口操作，防止反应物质散逸到周围环境中；②在无法密闭操作时，加强回收、通风或其他防护措施；③加强反应物质的回收利用和消除处理，建立责任制度；④在设计实验方案时，要尽量避免使用和生成毒性较大、容易造成污染的物质，尽量选择污染小的实验方法和实验装置；在无法避免使用或者产生有害物质和污染物的情况下，实验方案必须包括有效的保护和消害处理措施。例如，一氧化碳还原三氧化二铁实验中，可用收集尾气和点燃的方法减少一氧化碳的污染。

4. 化学实验微型化

做化学实验需要一定的费用，而化学实验微型化就是降低化学实验成本的一个发展方向，同时还可以减少污染物的生成量。所谓化学实验微型化，是指化学实验的仪器和装置趋向微型仪器和微型装置，化学实验的药品使用量趋向微量的方向发展。

5. 化学实验探究化

化学实验探究化是指将一些验证性实验转化为探究性实验或者设计新的探究性实验，其实验过程含有假设、验证和获得未知结论等探究要素，能使学生了解和掌握其中蕴含的科学过程和科学方法。我国现行高中化学新课程教科书中也增设了实验设计课，其主要目的是培养学生综合运用化学基本理论和基本实验技能，独立分析问题与解决问题的能力，同时也是对学生进行初步的科研训练，这无疑在一定程度上改变了"照方抓药"的实验现状。

目前，我国的研究者也对探究性实验的编写方法作了一些尝试，采用把验证性实验与探究性实验相结合的编写方法，主要涉及四个方面：①提高探究性实验的比例，要求学校根据实际情况，在高中化学实验中灵活体现科学探究的某一过程或一些过程或全部过程；②在验证性实验中融入探究性实验的成分，增强验证性实验的探究性和研究性；③将验证性实验作为探究活动的一种活动形式，配合思考与分析，以达到探究的目的；④增设实验设计的教学内容，其实验要体现"实验目的—设计方案—实验验证—获得结论"等主要过程。

6. 化学实验科学化

化学实验科学化是指化学实验方案具有比较坚实的科学基础，在探明实验的科学规律的基础上，应用可行的技术原理，精确地控制实验条件，求得最好的实验效果。

7. 化学实验现代化

化学实验现代化是指将新技术、新方法、新材料和新设备应用于高中化学实验中，以体现化学实验的时代气息。比如，通过连接数据采集器与电脑，将化学反应信息直观地展现出来。

8. 化学实验虚拟化

所谓化学实验虚拟化，是指应用多媒体计算机和相关的一些软件将一些特殊的化学实验的过程和微观现象模拟出来。例如，利用 Flash 软件制作电解饱和食盐水实验的微观变化和宏观变化现象等。

9. 化学实验普及化

化学实验需要一定的物质手段、支撑，否则难以开展实验教学。所谓化学实验普及化，是指将低成本、简便的化学实验仪器、设备和价廉的试剂应用于化学实验当中，使化学实验向所有地区的中学延伸。

10. 化学实验生活化

化学是一门应用性和实践性很强的学科，与生活实际的联系非常密切。化学知识渗透在生活实际的各个方面。在中学阶段，学生学习的知识和接触社会的机会有限，通过实验来了解化学在实际中的作用，可以说是一条很好的途径。学生获得与科学概念有关的客观事物的感性知识，主要来源于生活经验和观察实验。

所谓化学实验生活化，是指将生活中的典型事例设计成化学实验，使化学教学与学生生活趋向于紧密联系的方向。这种发展，对创设良好的学习情境有很好的效果。例如，热水瓶内水垢的主要成分探究等。

上述几种研究类型中，系统性研究和发展性研究一般不采用科学实验方法；应用性研究虽然采用科学实验方法，但属于教育教学实验范畴；认知性研究和技术性研究都常采用科学实验方法，两者比较相近。所以，高中化学实验研究与设计中的实验研究，主要包括认知性研究和技术性研究两类。

第二节 化学实验研究的一般过程

一、形成和确定课题

无论是科学研究，还是化学教学研究，都涉及多个课题。形成与确定课题是研究工作的首要环节，找到恰当的好课题是研究工作取得成效的先决条件之一。对于高中化学实验研究来说，形成和确定课题也是首要环节。

（一）课题的形成

所谓化学实验课题，是指为了实现某个特定的化学实验目的所需要研究和解决的一个或一组化学实验问题。化学实验课题的形成通常产生于化学实验问题。化学实验问题是指化学实验主体在某个给定的化学实验中的当前状态与所要达到的目标状态之间存在的差距。与高中化学实验有关的问题，主要来源于化学教育教学实践，可归纳为四个方面：①化学教育教学需要跟化学实验现状的矛盾；②化学实验结果跟化学理论预期的矛盾；③不同化学实验方案之间的差异；④不同化学实验类型的教学方法之间的差异。化学教育教学实践是化学实验课题形成的源泉。不同的化学教育教学实践经历将会产生不同的教学体会与感受，不同的化学教育教学实践过程将会产生不同的课题创作"火花"。同时，化学实验教学反思是化学实验课题形成的重要来源。

具体地讲，课题的来源有：①在备课中产生；②在课堂教学中产生；③在指导学生分组实验中产生；④在实验考核中产生；⑤在第二课堂科技活动、综合实践活动、研究性学习中产生；⑥在广泛学习研究中产生。另外，可从时事新闻背景、重要教研会议、课程改革过程和学生提问中形成课题。教师平时多注意了解、学习、研究国内外的化学实验研究工作情况，经常广泛地收集、阅读有关情报资料，也常常会从中发现问题、受到启发，产生课题。

化学实验课题可以称为大的化学实验问题，其是由一系列相互联系、具有一定层次关系的小的化学实验问题构成的。

（二）选题的标准

化学实验教学中产生的问题，并非均适合作为研究课题。能够作为研究课题的问题，必须符合一定的标准。

1. 蕴含着问题解决的方向、目标和解答限域

化学实验问题中包含问题求解目标、求解范围和求解方法。只有求解目标而无一

定的解答限域，只是一般的疑问。只有研究人员领悟了解决问题的途径、范围和结果，并知道如何解决，才可能使化学实验问题成为研究课题。

2．问题的解决能满足教学需要，对化学教学具有积极意义

例如，一个重新设计的化学实验能获得更加鲜明、生动的实验现象，重复性更好，更加简便，将有助于提高化学实验教学效果，对化学教学产生的意义。

3．问题的解决过程或解决结果具有新颖性和创造性

（1）前人没有解决或者没有很好地解决的问题；

（2）研究人员对问题的解决有了某些新的设想，且后来经过实践检验证明是正确的。

4．问题的解决具有较大的可能性

化学实验问题的解决过程和结果既要有可靠的科学理论依据或者事实依据，又要在研究的设备、材料、资料、经费、时间以及研究人员的水平、能力、经验等方面具备必要的条件，只有这样才具有较大的成功把握。

5．研究人员对问题的解决具有强烈的兴趣

化学实验研究工作不同于一般工作，它需要创造性活动，特别是创造性思维。因此，研究人员要始终处于一种亢奋状态，对化学实验课题充满兴趣。若研究人员对化学实验课题不感兴趣，则难以产生研究所需的新想法，也就不易使课题研究取得成功。

（三）课题的确定

化学实验课题确定的一般步骤为：筛选问题→考查问题→提出课题→论证课题→确定课题。

1．筛选问题

按照上述课题选择的一般标准对化学实验问题进行初步的筛选。

2．考查问题

筛选问题之后，需要先考查课题的历史和现实背景。对课题历史背景的考查主要通过文献调研进行，以便了解前人的工作情况、研究成果、经验教训、发展过程并进行分析研究，继承前人的研究成果，在新的起点上开展研究，避免不必要的重复和重犯前人的错误。

对化学实验课题现实背景的考查除了通过查阅文献进行外，还包括考查有关事实、进行试探性实验、调查化学教学需要的情况等。

3．提出课题

在考查背景的基础上，明确研究目标，构思研究方法和途径后，即可提出课题。

4. 论证课题

研究人员对课题的价值、意义、科学性和可行性等进行论证和意见征询，研究需要的各种条件，以便预防错误与疏忽，使课题的解决更有把握。

5. 确定课题

上述步骤完成后，即可确定课题。科学史和科学方法论学者、科学学奠基人贝尔纳（John Desmond.Bernal）曾经指出："课题的形成和选择……是研究工作中最复杂的一个阶段。"有人认为，课题的形成和确定过程犹如一次简缩的研究过程，确定一个好的课题就等于完成了一半研究工作。可见，认真对待课题的确定是十分必要的。

以下是成功选题的四个策略，仅供参考。

一是热点选题。针对当前高中化学实验研究的热点选题。这些热点也反映在近期杂志上，如研究性学习中的化学实验设计、密闭实验、微型实验、家庭实验、综合实践活动课实验、化学与生活实验、探究性实验、趣味实验等。

二是特点选题。根据个人兴趣爱好、知识经验选题。擅长实验教学理论探讨和研究的，可多选实验教学理论方面的课题；专于化学实验设计与改进的，可多选化学实验设计与改进方面的课题；对探索性实验感兴趣的，可多选有关探索性实验类型设计方面的课题等。

三是小点选题。选题宜小不宜大，小题可大作。例如，"新教科书中化学实验研究"，题目过大，内容过多，范围过广，思路过宽，一篇论文难以写好，若改为"新教科书中某一实验研究"，则易于写作。

四是冷门选题。有些化学实验中的问题一直未能得到很好解决，甚至冷落多年，若用新思路去研究，将会有所创新。例如，在电解水实验中，氢气、氧气的体积比误差原因研究。

值得提出的是，准确、完整、清晰、具体、紧紧围绕主题是确定课题时要注意的一些重要原则。实践证明，化学实验研究重在选题，只有选对（准）题，才能深入研究，也才可研究出有价值的化学实验研究成果。

二、制订研究计划

化学实验课题确定之后，就要制订研究计划。好的研究计划有助于研究人员合理分配可利用的时间、设备和人力，使得研究有序地展开和实现，避免盲目性和减少忙乱现象，是研究过程中的重要环节之一。

研究人员制订研究计划时，要考虑以下几个方面：①选择研究策略，形成研究思路；②决定具体的研究步骤和研究方法；③做好时间分配、人员组织、器材准备等。

三、开展研究工作

制订研究计划后，就要准备化学实验所需要的用品，并进行化学实验。这是实验研究工作的一项基本内容。在这一阶段，除了要根据研究目的，通过操作化学实验器材来人为地控制化学变化过程、强化主要因素、排除偶然因素和次要因素的干扰，来观察和收集实验事实以外，还要进行理性的加工和研究，从而得出结论。

所谓理性加工，是指对获得的大量的第一手资料（如实验事实、实验数据等）进行整理加工和分析综合研究，进而发现规律或者作出判断，得出理性结论。

开展研究工作的程序一般为：实验准备—进行实验—观察、记录—整理、分析—作出判断—得出结论。

四、复查和验证初步结果

研究工作得到的初步结果，一般还停留在假说的阶段，需要通过进一步的实践来检验、证明、发展和完善。只有经过复查和验证且重复性好的研究结果才是成熟和可靠的。

（一）复查

复查主要是指对研究计划与研究过程进行检查、核对，以防止可能发生的错误。

（二）验证

验证主要是对研究结果而言的。验证有两种重要方式：①按照规定的条件和程序进行重复试验，同时对某些非规定条件做出变化，检验其结果是否一致；②从另一角度设计实验进行试验，检验两者的结果是否互相印证。

五、整合和表述研究结果

（一）整合研究结果

整合研究结果是把通过研究得到的各部分结果加以组合，并与别人已取得的有关成果结合起来，形成有密切联系的统一整体。

需要注意的是，引入别人的成果时，应在正文后的参考文献中标出，以示对别人劳动的尊重。

在这一阶段，对于认知性研究来说，这一工作的结果常常是形成某一知识体系或理论体系；对于技术性研究来讲，则是形成技术综合成果。

（二）表述研究成果

表述研究成果是高中化学实验研究的最后一个重要环节。缺少了这个环节，就无法跟别人交流乃至推广，等于研究工作还没有完成。

1. 表述研究成果的意义

①便于与同行交流，服务化学教育教学；②便于发表、转载，使成果得到承认；③便于教学研究水平的提高。

2. 研究成果文字表述的一般要求

①具有一定的理论意义或实践意义，有发表和交流的价值（含有新论点或者新解释、新现象、新装置、新方法、新规律、新结果等）；②客观、准确、完整；③规范、简练、清晰、可读性强、紧扣主题；④及时；⑤针对性强（指论文与某期刊栏目要求的吻合程度）。

（三）表述研究成果的形式和基本格式

用文字表述高中化学实验研究及其结果的形式有多种，常见的有化学实验改进方案、化学实验设计方案、化学实验研究报告、学术报告、学术论文等。它们的内容、基本格式和特点有所不同。

1. 化学实验改进方案

化学实验改进方案是一种简单的形式。基本格式为：①化学实验改进名称；②署名、单位、邮编；③化学实验改进的内容和方法（如装置及其制作方法；试剂的选择、改换或处理方法；操作的程序或者方法等）；④有关的化学实验原理和注意事项；⑤改进后的效果；⑥参考文献。

在改进后的效果部分，可以列出必要的事实和数据加以说明。在注意事项中，必须把影响化学实验成败和安全、卫生的关键交代清楚。

2. 化学实验设计方案

化学实验设计方案要求完整、细致、明确、扼要，可操作性强。按照方案进行实验有较高的成功率并且安全、卫生，不会引起污染等危害。

基本格式为：①实验名称；②署名、单位、邮编；③实验目的、教学意义和要求；④实验原理；⑤实验用品（仪器和药品）；⑥实验装置；⑦实验条件和操作方案；⑧实验记录和处理方法；⑨讨论、结论和要求；⑩注意事项；⑪对化学实验的评价标准和评价方法；⑫参考文献、注释和说明。

3. 化学实验研究报告

化学实验研究报告是用于介绍对高中化学实验所作研究工作及其结果的终结性报告，是化学实验研究工作的客观记录，要求叙述详尽、数据完整、结论可靠，且简明扼要、便于交流。

基本格式为：①题名；②署名、单位、邮编；③摘要与关键词；④绪言；⑤正文；⑥讨论、结论和建议；⑦谢辞；⑧附录；⑨参考文献；⑩注释。

正文部分通常包括研究方法说明、理论分析或基本原理，实验装置和仪器，试剂和材料，操作条件和过程，现象和观测数据，实验结果等。

4. 学术报告

学术报告是对与高中化学实验有关的某些问题作比较深入、系统讨论的说明文，其内容除了包括理论讨论外，也可以包括实验研究和验证。学术报告要求分析合理、论说有力、观点鲜明、符合实际、给人启迪。

基本格式为：①题名；②署名、单位、邮编；③摘要和关键词；④绪言；⑤正文；⑥结论和建议；⑦谢辞；⑧附录；⑨参考文献；⑩注释。

正文部分可以把问题先分解为若干小问题展开讨论，然后再加以综合。

关于科学研究文章的署名原则如下：科学研究文章由一人独立完成（独立完成人）的，只署本人姓名；由两人及以上合作完成（合作完成人）的，一般按贡献大小署名，主要工作贡献者是第一作者和通讯作者。第一作者是整个科研工作的主要执行者，是把科研假设和构想通过科学实验、科学计算验证后证实的人员，是第一手科研资料的收集者和采证者。通讯作者是整个科研工作的构思者和策划者，也是为进行这项科研工作所需的科研经费、仪器设备、人才梯队提供保障的领导者，相当于一部电影中的导演角色。需要指出的是，一篇科研文章，其著作权都是属于通讯作者的。除了第一作者和通讯作者之外，其他作者都以参与者或合作者的身份出现。科学界现在常规的做法是学生（硕/博士生）、科研人员一般在一篇文章上署第一作者，而教授、研究员等课题负责人一般署为最后一位作者加通讯作者。近几年来，有的科研题目很大，主要工作者无法仅凭一个人完成，或者课题由不同的实验室共同合作完成，这种情况下就产生了并列第一作者。原则上并列第一作者无论排名第几，都是第一作者，他们都作出了同样的贡献。并列作者有时候多达5个，这说明了课题的复杂程度和团队的协作精神。如果课题是由几个不同科研背景的实验室共同完成的，那么不仅会产生并列第一作者，也会产生并列通讯作者。

5. 学位论文

学位论文是用于申请相应学位而撰写的供考核、评审的学术论文，要求能表明研究者在高中化学实验研究中取得的创造性成果，反映研究者独立从事高中化学实验研究的能力和学识水平。

学位论文跟一般的学术论文有所不同，它讨论的问题以及论文的理论水平和实验水平要与相应的学位相称。一般来讲，学位论文的内容比较丰富、篇幅比较长。基本格式为：

（1）题名

用于指明论文主题的提要性词语，又称标题。题名要求能点明主题，准确得体，简短精练，鲜明醒目，便于索引，字数尽量在 20 个汉字以内。若因字数限制，题名难以完全表达文献内容，可以使用副题名（副标题），对题名作进一步的补充说明。

（2）署名

署名一般用真名，不用笔名，还要有工作单位全称和邮政编码，必要时可注明通讯处，以便于联系。

（3）目次

目次是因学位论文的论点较多、篇幅较长而增加的，以便于阅读者快速了解论文概况。目次一般含有论文的三级标题及页码。

（4）摘要和关键词

摘要是对论文内容准确、扼要而不附加解释或评论的简略表述，又称为文摘。摘要的内容一般包括：①说明研究工作的首要目的、范围以及为什么要写这份论文；②介绍所用的技术手段和方法，介绍新技术手段的基本原理、应用范围及可能达到的精度，介绍非实验性工作论文的数据来源和数据处理方法；③说明研究的成果和结论；④附带介绍主要论题之外有意义的研究成果，比如方法的改进等。

摘要应该具有完整性、准确性和适宜的长度。其长度以 300 字以内为宜，一般不超过 500 字。

关键词是指能够揭示论文主题内容，具有关键性、实质性意义的词语，一般为 3~6 个词。

（5）绪言

绪言或称前言、引言、导言等，是论文主体部分的开头，简明扼要地说明课题研究目的，要解决的问题，内容和范围，课题的背景、形成、发展过程和现状，本次研究工作与以前研究的联系和不同，本次研究工作的贡献和意义；概要地介绍研究的方法、主要结果、结论和文献的性质等。绪言要求简短，篇幅应不超过全文的 1/3。

（6）正文

这是学位论文的核心部分，要求详细、完整地介绍研究者的实验研究情况或者论证过程。正文要求论点明确，论据充分，论证合理，逻辑严密，语言规范，文字精当，图表清晰，数字准确，资料可靠。

（7）结论、讨论和建议

结论是整个研究工作的结晶，是认识的最终升华。结论部分主要阐明研究结果是什么、得到了什么认识、解决了什么理论问题或者实际问题等。结论应该富有条理、合乎逻辑、科学、可靠、恰如其分、令人信服，且简洁、扼要、明晰、完整。

讨论、建议部分主要说明本次研究工作的不足、未解决的问题、可能存在的问题及问题解决的关键、今后进一步研究的设想等。

（8）谢辞

谢辞用于对那些在本次研究工作中给予指导、帮助和支持的单位或者个人表示感谢，同时也肯定和说明他们对本研究工作的贡献。致谢对象不参加论文资料的署名，也不对论文承担责任。

（9）附录

为使正文部分结构紧凑、合理，可以把篇幅较长的仪器、装置、试剂的自制或加工方法，详细的原始数据和实验记录，烦琐的公式推演，复杂的计算及其他不宜或不便放在正文中的内容以附录的形式放在正文之后，以便查阅。例如，调查问卷的内容就放在附录处。

（10）参考文献

参考文献是论文的重要组成部分。它不但说明论文中某些论点、公式、图表等的出处或依据，表明作者尊重别人的劳动成果和严肃的科学态度，而且可以帮助读者了解研究工作的背景、弄清作者的成果与前人成果的界限等。参考文献的选择应和研究内容有关，以重要、新近发表、作者亲自阅读过为原则。

六、实验教学型学位论文的要求

这里的实验教学型学位论文，是指与高中化学实验教学研究有关的学位论文，可以分为学士论文、硕士论文和博士论文，这些论文有着不同的基本要求。

（一）学士论文要求

能综合运用所学化学专业知识技能和教育专业知识技能解决高中化学实验及其教学中的一个具体问题，表明研究者较好地掌握了有关高中化学实验及其教学的学科理论、专门知识和基本技能，具有从事高中化学实验研究和教学的初步能力。

（二）硕士论文要求

研究结果对于高中化学实验教学或高中化学实验研究具有一定的理论意义和实践价值，反映研究者在高中化学实验研究方面具有坚实的理论基础和系统的专门知识，有独立进行高中化学实验研究的能力。

（三）博士论文要求

研究结果对于高中化学实验教学和高中化学实验研究具有较大的理论意义和实践价值，反映研究者具有比较深厚和广博的理论基础和系统知识，具有对高中化学实验及其教学中的深层次问题和前沿性问题进行独立、创造性地开展研究并取得成果的能力。

第三节　化学实验教学研究成果的转化

将化学教研成果转化到教学中，对提高化学教学质量具有至关重要的作用。在化学教学中，化学实验研究成果是化学教学研究成果的一部分。化学实验研究成果的形式多样，如著作、论文、实验方案、实验装置和实验教具等。以下对如何把化学实验研究成果转化到教学中作初步探讨。

一、构建教研成果转化的循环体系

坚持化学实验教学研究，对提高化学教师自身业务水平是十分重要的。在长期的实验教学实践中，化学教师能够深刻理解"教而不研则浅，研而不教则空，研而无果则耗，果而不用则废，用而不评则粗"的内涵。将化学实验教学研究成果转化到教学中，对提高化学教师教学质量具有至关重要的作用。转化化学实验教学研究成果，关键在于化学教师要在平时的实验教学、教学研究及其成果转化的过程中，逐步形成并构建"教学、教研、成果转化与评价"循环体系，只有这样才可保证化学实验研究成果的有效转化。

在这一循环体系之内，以教师为主导、学生为主体的师生互动中，教学是教研及其成果产生的沃土；将化学实验教学研究成果转化到教学中才有生机、活力，才能促进教学质量的提高。评价是改进与完善教研成果，促进教学研究不断深化的抓手；在研究成果转化的同时，可生成新的研究成果，新的研究成果又将促进新的研究成果转化，从而形成良性互促的"教学、教研、成果转化与评价"循环体系。

不难看出，"教学、教研、成果转化与评价"循环体系具有互促性、实践性、生成性、探究性、可行性和实效性的特点，能很好地保证化学实验教学研究成果的有效转化。

二、化学实验教研成果转化的途径

(一) 在理论课教学中转化，优化教学理念

理论课教学是其他教学形式的基础，也是传播各种先进教学理念的重要场所。教学理念是教学行为的先导，有思路才有出路。教师在理论课教学中，以学生为主体，将自己研究的、适合先进教学理念的、新的化学实验教学方式转化为可行的教学方法和新的化学实验方案，并应用到理论课教学中，可以改变以往课堂灌输式教学方法，能收到较好的教学效果。

（二）在实验课教学中转化，更新实验内容

化学实验课教学是巩固与应用理论课上所学的知识和方法，培养学生实验技能和创新能力的主要途径。化学实验内容是培养学生实践能力和创新能力的重要载体。当今社会对人才的要求已发生很大变化，教育教学也随之发生变革，原有的化学实验内容已不再适应新的教育要求。因此，改革化学实验教学、更新化学实验内容势在必行。

在化学实验教学中，有许许多多的实验本体问题没有引起重视或解决得不好，化学实验教学也存在这样或者那样的问题。在这种形势下，教师将自己研究的新理念、新原理、新方法、新装置、新操作、新设计和新实验转化到教学中，能让化学实验内容更加科学、新颖，符合新时代发展的要求。

（三）在指导第二课堂活动中转化，培养动手能力

第二课堂活动是理论课、实验课的延伸和拓展，也是检验学生知识与技能掌握情况和培养学生能力的重要活动。一些学校每年都要举办实验技能大赛、实验开放周、科技活动周和化学晚会等第二课堂活动，教师可以将自己最新的实验研究成果转化到其中，让学生表演教师设计的新颖的实验。在这样的活动中学生不仅会产生兴趣，而且学习化学热情更高，动手能力也会在活动中得到有效培养。

（四）在对外交流中转化，展现学校风采

要使化学实验研究成果得到别人的认可或进一步完善，对外交流是一条重要的途径，同时也能展现该校教师的业务水平和风采。化学教师外出参加教学研讨会或讲座时，要尽可能提交相应的教研论文和讲座材料，向同行专家学习，和同行专家交流、讨论，让自己的研究成果得到同行的认可与进一步完善，这样既能提升自己的教学研究水平，同时也能帮学校树立良好的形象。

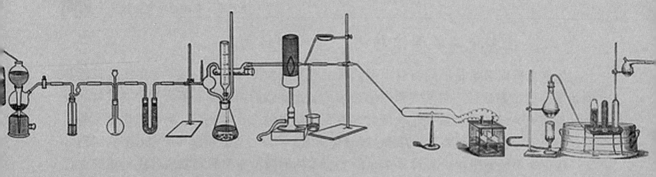

第六章 高中化学教学评价体系

第一节 树立正确的评价观

一、新课程提出的教育评价的改革重点

新课程评价对课程的实施起着重要的导向和质量监控的作用。评价的目的功能、评价的目标体系和评价的方式方法等各方面都直接影响着课程培养目标的实现，影响着课程功能的转向与落实。20 世纪 80 年代，世界各国对课程的结构、功能、资源、权利等各个方面重新进行思考与定位，在开展一系列轰轰烈烈的课程改革的同时，越来越多的国家开始意识到实现课程变革的必要条件之一就是要建立与之相适应的评价体系和评价工作模式。因此，课程评价改革成为世界各国课程改革的重要组成部分。

总的来说，新课程教育评价体现出以下特点：重视发展，淡化甄别与选拔，实现评价功能的转化；重视综合评价，关注个体差异，实现评价指标的多元化；强调质性评价，定性与定量相结合，实现评价方法的多样化；强调参与互动、自评与他评相结合，实现评价主体的多元化；注重过程，终结性评价和形成性评价相结合，实现评价重心的转移。

（一）学生评价改革的重点

高中新课程强调改变过于注重知识传授的倾向，强调形成积极主动的学习态度，使学生获得基础知识和基本技能的过程成为学生学会学习和形成正确价值观的过程。

因此，教师对学生的评价不仅要关注学生的学业成绩，而且要注重发现和发展学生多方面的潜能，了解学生发展中的需求。基于这一考虑，学校制定的学生学习目标应包括学科学习目标和一般性发展目标两个方面。其具体包括：建立促进学生全面发展的评价体系；重视课程评价方式方法的灵活性、开放性和多元性；进行考试新方法的探讨。

1. 建立学生全面发展的评价体系

高中新课程评价不仅要关注学生的学业成绩，而且要发现和发展学生多方面的潜能，为学生的个性化发展提供依据和支持。所以，高中新课程评价在学生发展方面的指标体系包括学生的学科学习目标、一般性发展目标和个性化发展目标。

2. 重视课程评价方式方法的灵活性、开放性和多元化

高中课程评价不能仅仅依靠纸笔考试作为收集学生发展的证据手段，要关注过程性评价，及时发现学生发展中的需要；帮助学生认识自我、建立自信，激发其内在发展的动力，从而促进学生在原有水平上获得发展，实现个体价值。

3. 进行考试新方法的探讨

考试只是学生学业成绩评价的一种方式，要将考试和其他评价方法有机结合起来，全面描述学生发展的状况。高中课程评价要改变纸笔测验是考试的唯一手段的现状根据考试的目的、性质、对象等，选择灵活多样的考试方法，加强对学生能力和素质的考查；改变过分注重分数、简单地以考试结果对学生进行分类的做法，对考试结果做出分析、说明和建议，形成激励性的改进意见或建议，促进学生发展，减轻学生压力。

（二）教师评价改革的重点

高中新课程的评价要建立起促进教师不断提高的评价体系，强调教师对自己教学行为的分析与反思，建立以教师自评为主，校长、教师、学生、家长共同参与的评价制度，使教师从多种渠道获得信息，不断提高自身教学水平。

第一，打破唯"学生学业成绩"论教师工作业绩的传统做法，建立促进教师不断提高的评价指标体系。这一指标体系包括教师的职业道德、对学生的了解和尊重、教学实施与设计以及交流与反思等。一方面，以学生全面发展的状况来评价教师工作业绩；另一方面，关注教师的专长成长与需要。这是促进教师不断提高的基础。

第二，强调以"自评"的方式促进教师教育教学反思能力的提高，倡导建立教师、学生、家长和管理者共同参与的、体现多渠道信息反馈的教师评价制度。一方面，通过评价主体的扩展，加强对教师工作的管理和监控；另一方面，旨在发展教师的自我监控与反思能力，重视教师在自我教育和自我发展中的主体地位。另外，要将教师的自评与奖惩脱钩。

第三，打破关注教师的行为表现、忽视学生参与学习过程的传统课堂教学评价模式，建立"以学论教"的发展性课堂教学评价模式。即课堂教学评价的关注点转向学生在

课堂上的行为表现、情绪体验、过程参与、知识获得与交流合作等诸多方面，而不仅仅是教师在教学过程中的具体表现，使"教师的教"真正服务于"学生的学"。这一转变无疑会给教师教学能力的重新界定、学校教学工作的管理带来巨大的冲击。

（三）考试的改革重点

第一，在考试内容方面，应加强与社会实际和学生生活经验的联系，重视考查学生分析问题、解决问题的能力。即关注学生动手能力和创新思维的发展，淡化记忆性内容为主的考试；传统的考试多以答案唯一的记忆性、技巧性或速度性内容为主，学生能够背诵概念、公式，并不等于真正理解；而当学生能够正确应用知识解决问题性，即使不能完整复述或背诵其定义，也意味着真正理解并掌握了。鉴于此，新课程倡导在考试内容方面，少考一些名词解释、少考一些计算速度、少考一些计算技巧方面的内容，而多考一些与生活实际问题相关联的、能体现综合利用的、需要创新思维的内容，以反映学生真正的理解状况。考试命题应依据课程标准，杜绝设置偏题、怪题的现象。考试内容的这一变革将使传统的题海战术、大量练习这种通过增强技巧的熟练性和速度、提高记忆的准确性来换取高分的教学方式，受到前所未有的挑战。它要求教师必须打破这种陈旧的教育观念和教学策略，调整自己的教育教学行为，关注学生作为"人"的发展，关注学生综合素质的发展，关注学生的全面发展。

第二，在考试方式方面，倡导给予多次机会，综合应用多种方法，打破唯纸笔测验的传统做法。传统的考试以纸笔考试为主，这只是考试的一种方式，无法适应考试内容方面日益重实践、重创新等的变化。例如，学生的实践动手能力不是单凭一张考卷就能体现说明的，它需要实际的环境加以操作，才能较好地做出评价。因此，新课程倡导考试方式灵活多样，应体现先进的评价思想，如自考、编制试卷、辩论、课题研究、写论文、制作作品、特长或任务表演、情景测验等，再就是非毕业、升学的考试中鼓励采用开卷考试的方式，在综合应用中考查学生的发展状况。同时试行提供多次考试机会，同一考试也可多样化呈现，给予学生选择的空间：学生可以选择什么时间、以什么方式、接受哪一个级别的考试。考试还可分类、分项进行，考试的方式应灵活多样，同时体现学生生动、活泼、主动发展的需要，单是如何适应和参加这种开放、动态的考试就对学生提出了超出"知识技能"范畴的其他素质的要求。可见，考试方式的变革同样给传统教育方式带来巨大的冲击，那种传统的一味追求分数的"只见分不见人"的教育观念和教育方式下产生的学生，将无法适应灵活多样、开放的、动态的考试方式。

第三，在考试结果处理方面，要求做出具体的分析指导，不得公布学生成绩并按考试成绩排名。考试和其他评价方法一样，是为了促进学生的发展。因此，对考试结果的处理应加强分析指导，重在为学生提出建设性的意见，而不应给学生"加压"。所以应根据考试的目的，灵活选择考试结果的处理方式，如公开反馈还是匿名反馈、完全反馈还是不完全反馈、群体参照反馈还是个体参照反馈等。学生有权决定如何公布学习成绩，学校和教师应尊重学生的权利，关注学生的处境和发展中的需要，保护学生的自尊、自信，认真思考，谨慎选择，以激励为主的方式对考试的结果进行反馈，促进学生在原有水平上的发展。

第四，关于升学考试与招生制度，倡导改变将分数简单相加作为唯一录取标准的做法，应考虑学生综合素质的发展，建议参考其他评价结果（如学校推荐性评语、特长、成长记录袋等），将形成性评价和终结性考试结合起来。

考试改革并不能解决课程改革中的所有问题，也不是课程改革成败的决定因素。真正影响和解决课程改革所有问题的关键是观念，是建立符合时代发展要求的新课程观、教育观、质量观、学生发展观和教师观等，而不是某种方法与技术。

二、发展性学生评价的基本特点

高中新课程评价中，建立促进学生全面发展的评价体系是课程评价改革的重中之重。评价不但要关注学生的学业成绩，而且要发现和发展学生多方面的潜能，了解学生发展中的需求，帮助学生认识自我，建立自信。评价要发挥教育功能，促进学生在原有水平上的发展。

"为了每一位学生的发展"是新一轮课程改革的核心理念。"促进每一位学生的发展"是我们应当确立的评价核心理念。

第一，发展性学生评价应基于一定的培养目标，并在实施中制定明确、具体的阶段性发展目标。

实施学生评价首先需要有一个评价目标，只有有了评价目标，才能确定评价的内容和方法。学生的发展也需要目标，这个目标是学生发展的方向和依据。在传统教育评价中，这两个目标常常出现背离的情况。而发展性学生评价强调这两个目标的一致性，强调评价目标应基于一定的培养目标。

第二，发展性学生评价的根本目的是促进学生达到目标，而不是检查和评比。发展性学生评价所追求的不是给学生下一个精确的结论，更不是给学生一个等级或分数并与他人进行比较、排队，而是要通过对学生过去和现在状态的了解，分析学生存在的优势和不足，并在此基础上提出具体的改进建议，促进学生在原有水平上的提高，逐步达到基础教育培养目标的要求。

第三，发展性学生评价注重而是过程。发展性学生评价强调在学生发展过程中对学生发展全过程的不断关注，而不只是在学生发展过程终了时对学生发展的结果进行评价。它既重视学生的现在，也考虑学生的过去，更着眼于学生的未来。因此，发展性学生评价重视形成性评价的作用，强调通过在学生发展的各个环节具体关注学生的发展来促进他们的发展。

第四，发展性学生评价关注学生发展的全面性。知识与技能、过程与方法、情感态度与价值观等各个方面都是发展性学生评价的内容，并且受到同等的重视。在评价学生参与探索性活动的程度和水平时，评价的重点不在于检查学生记忆的准确性和技能使用的熟练程度，而在于学生的观察、调查、实验、讨论、解决问题等活动质量，学生在活动中表现出来的兴趣、好奇心、投入程度、合作态度、意志、毅力和探索精神，学生在化学学习中所形成的热爱祖国的情感和行为、关心和爱护人类的意识和行为、对社会和自然的责任感，以及学生对化学学习与现实生活的密切联系和化学的应用价值的深刻体会。

第五，发展性学生评价倡导评价方法的多元化。学校要改变单纯通过书面测验与考试检查学生对知识、技能掌握的情况，倡导运用多种评价方法、评价手段和评价工具综合评价学生在情感、态度、价值观、创新意识和实践能力等方面的进步和变化。这意味着，评价学生将不再只有一把"尺子"而有多把"尺子"，教育评价"一卷定高低"的局面将被打破。实践证明，多一把"尺子"就能多一批好学生。只有实现评价方式的多元化，才能使每个学生都有机会成为优秀者，才能促进学生综合素质的全面发展。

第六，发展性学生评价关注个体差异。学生的差异不仅表现在学业成绩方面，还表现在生理特点、心理特点、动机兴趣、爱好特长等各个方面。这使得每一个学生的发展目标以及发展速度和轨迹都呈现出一定的独特性。发展性评价正是强调要关注学生的个别差异，建立"因材施教"的评价体系。每一位学生都是不同的个体，对待不同的个体要用不同的方法。

第七，发展性学生评价注重学生本人在评价中的作用。传统的教育评价片面强调和追求学业成绩的精确化和客观化，忽视了学生的主体性，往往使学生的自评变得无足轻重。发展性学生评价试图改变过去学生一味被动接受评判的状况，发挥学生在评价中的主体作用。具体来说，在制定评价内容和评价标准时，教师应当更多地听取学生的意见；在评价资料的收集中，学生应发挥更积极的作用；在得出评价结论时，教师也应鼓励学生积极开展自评和互评，通过"协商"达成评价结论；在反馈评价信息时，教师更要与学生密切合作，共同制定改进措施。总之，通过学生对评价过程的全面参与，使评价过程成为促进学生反思、加强评价与教学相结合的过程，成为学生自我认识、自我评价、自我激励、自我调整等自我教育能力不断提高的过程，成为学生与人合作的意识和技能不断增强的过程。

三、课程评价的价值取向

第一，目标取向的课程评价。这种评价的主要代表人物有被称为"现代评价理论之父"的泰勒及其学生布卢姆等人，他们认为课程评价是将课程计划和预定课程目标相对照的过程。在这里，预定目标是评价的唯一标准，它追求评价的科学性与客观性。因而，这种取向的评价的基本方法论就是量化研究方法，它常常以行为目标的方式来陈述预定目标。

第二，过程取向的课程评价。这种评价试图将教师和学生在课程开发、实施以及教学过程中的全部情况都纳入评价的范围之内，强调评价者和具体情境的交互作用，主张不论是否与预定目标相符，只要是与教育价值相关的结果都应当受到评价。

第三，主体取向的课程评价。这种评价认为课程评价是评价者与被评价者、教师与学生共同建构意义的过程。

四、课程评价的发展趋势

第一，既重视学生在评价中的个性化反应方式，又倡导让学生在评价中学会合作。

第二，以质性评价整合与取代量化评价。

第三，强调评价问题的真实性与情境性。

第四，评价不仅重视学生解决问题的结论，而且重视得出结论的过程。

第五，不断完善评价方式，重视采用灵活多样，具有开放性的评价方法。

五、新课改下的课程评价

第一，在指导思想上：突出评价的发展性功能和激励性功能，重视对学生学习潜能的评价，立足于促进学生的学习和充分发展，为适合学生的教育创造有利的支撑环境。

第二，在评价的主体上：调动学生主动参与评价的积极性，改变评价主体的单一性；建立由学生、家长、社会、学校和教师等共同参与的评价机制。

第三，在评价的方法上：一是由终结性评价发展为形成性评价，实行多次评价和随时性评价、档案袋式评价等方式，突出过程性；二是由定量评价发展到定量和定性相结合的评价，不仅要关注学生的分数，更要看学生学习的动机、行为习惯、意志品质等；三是由相对评价发展到个人内差异评价。相对评价是通过个体的成绩与同一团体的平均成绩相比较，从而确定其成绩的适当等级的表示方法，也被称作常模参照评价，是最常用的评价方法。这种评价缺乏对个人努力状况和进步程度的适当评价，不利于肯定学生个体的成绩。个人内差异评价是对学生个体同一学科内的不同方面或不同学科之间成绩与能力差异的横向比较和评价，以及对个体两个或多个时刻内的成绩表现出的前后纵向评价，这种评价可以为教师全面了解学生提供准确和动态的依据，也可以使学生更清晰地掌握自己的实际情况，有利于激发学习动力、挖掘学习潜能、改进学习策略等；四是由绝对性评价发展到差异性评价。绝对性评价是对学生是否达到目标的要求或"达标"的程度所作出的评价，也被称为"标准参照评价"。这种评价过于重视统一性，忽视了评价的差异性和层次性。我们提倡对不同的学生采用不同的评价标准和方法，以促进所有学生都在最近发展区获得充分的发展。

第二节　评价的目的与方法

高中化学课程评价既要促进全体高中学生在科学素养各个方面的共同发展，又要有利于高中学生的个性发展。学校要积极倡导评价目标多元化和评价方式的多样化，坚持终结性评价与过程性评价相结合、定性评价和定量评价相结合、学生自评互评与他人评价相结合，努力将评价贯穿于化学学习的全过程。

一、评价目标多元化

评价的基本功能是诊断与甄别、促进与发展、调整与管理，但核心是依据并服务于课程标准和目标，评价目标与课程目标具有很强的对应性。因此，课程目标的多元化决定了评价目标的多元化。评价目标多元化主要表现在评价目标内容的多元化和评价目标要求的多元化这两个方面。

（一）评价目标内容的多元化

高中化学课程目标将促进学生科学素养的全面发展作为化学教学根本宗旨。这就决定了新的评价将不再仅仅评价学生对化学知识的掌握情况，而是更加重视对学生科学探究的意识和能力、情感态度与价值观等方面的评价。因此，评价目标的内容包括知识与技能、过程与方法、情感态度与价值观这三个方面。从学生的成长上看，评价目标内容包括认知性学习目标领域、技能性学习目标领域、体验性学习目标领域。

（二）评价目标要求的多元化

由于高中学生的发展方向不完全相同，课程内容的学习各异，学生所选择的课程模块不同，因此没有必要也不可能对所有高中学生采用相同的化学学习要求。学校对具有不同发展趋向的学生要采用不同的评价要求，以促进他们的发展。

二、评价方式多样化

因课程评价目标多元化，对不同的课程目标不能采用相同的评价方式，如情感态度与价值观不可能完全通过纸笔测验来进行评价。每一种评价方式对不同的领域各有其评价的优点和不足，没有一种评价方式对学生各个领域的评价都是最优化的评价。因此，评价目标多元化势必带来评价方式多样化。课程标准对评价方式多样化的要求中，主要有以下几种方式：纸笔测验、学习档案评价、活动表现评价等。

（一） 纸笔测验的更新

纸笔测验是一种重要而有效的评价方式。高中教学中运用纸笔测验，重点应放在考查学生对化学基本概念、基本原理以及化学、技术与社会的相互关系的认识和理解上，而不宜放在对知识的记忆和重现上；应重视考查学生综合运用所学知识、技能和方法分析和解决问题的能力，而不单是强化解答习题的技能；应注意选择具有真实情境的综合性、开放性问题，而不宜孤立地对基础知识和基本技能进行测试。

纸笔测验是常用的评价方式，其以学生认知领域为主要考查内容。新课程的纸笔测验注重考查学生解决实际问题的能力，既要评价学生对化学知识的掌握情况，又要关注学生对化学现象和有关科学问题的理解与认识的发展情况，而不再纠缠对概念、名词、术语和具体细节事实的记忆背诵，更加重视学生应用所学的化学知识分析和解决实际问题能力的考查和评价。教师在进行纸笔测验时，要注意以下两个方面。

第一，评价学生化学知识的掌握情况时，要注意测验试题设计的层次性。教师对学生学习情况的检测要求，由低到高可分为三个层次：陈述性知识、程序性知识和探索性知识。

陈述性知识：解决"是什么""知其然"的问题。认知水平为说出、识别、描述等，知识的形态为表层化的知识。如不同的碱金属与水反应的程度不同，钠、钾化学性质、反应方程式的书写和反应的现象描述等。

程序性知识：解决"为什么""知其所以然"的问题。认知水平主要为理解、解释、说明、转化、分析、解析和推断等，知识的形态为内化的知识。如不同的碱金属与水反应的程度为什么不同？从原子结构、元素的金属性、单质的还原性角度进行分析。

探索性知识：运用相关知识（某一学科或者几个学科的知识）分析解决现实的新情景问题。解决"怎么办"和"如何做"的问题。认知水平为应用、设计、评价、解决、证明等，知识的形态为升华的知识。如用什么样的实验能说明碱金属单质的化学活性（还原性）自上而下逐渐增强？在金属的发现和使用历史上为什么按照金、银、铜、铁的顺序排列？学什么铝、镁、钠的广泛使用只有一百多年的历史？

只有当学生能将不同的碱金属与水反应程度不同的反应事实，内化成与单质的化学活性（还原性）相联系，并转化成一种化学的实验方法和思考方法 —— 用同一氧化剂与不同还原剂反应，根据反应的剧烈程度不同来判断还原剂的强弱，金属的活动性强弱与金属的冶炼难易程度有关，而冶炼技术的提高与生产力水平、化学工艺水平的发展直接相关，这一知识内容才得到了升华。教师要克服纸笔测验只注重陈述性知识、忽视程序性知识和探索性知识的倾向。

第二，纸笔测验要通过实际情景的综合性和开放性问题来考查，既了解学生掌握有关知识、技能和方法的程度，又突出对学生解决实际问题能力的有效考查，还重视对学生科学探究能力、情感态度与价值观等方面的评价。

（二）学习档案评价的建立

学习档案评价是促进学生发展的一种有效的评价方式。教师应培养学生自主选择和收集学习档案内容的习惯，给他们表现自己学习进步的机会。学生在学习档案中可收录自己参加活动的重要资料，如实验设计方案、探究活动的过程记录、单元知识总结、疑难问题及其解答、有关的学习信息和资料、学习方法和策略的总结、自我评价和他人评价的结果等。要进行学生档案评价，就必须确定学生档案袋的评价内容和评价需注意的问题。

1. 学生档案袋的评价内容

学生档案袋有多种形式，按照建立档案袋的对象可分为学生自己建立的档案袋和教师为学生评价建立的档案袋两类，后者包括前者的所有内容；按照学习的时限可分为学年学习档案、学期学习档案和单元学习档案。

教师为学生建立评价档案袋的目的是收集和分析反映学生学习情况的数据和证据。在制作学生学习档案袋时，教师需要经常问这样的问题：为展现学生真正理解的情况，应包含哪些东西？

2. 档案评价需注意的问题

教师要对收集到的数据和证据进行分析，形成一个对学生学习情况的分析报告，客观地描述学生当前的学习情况。在评价过程中，教师需要注意以下问题：应选取具有典型性、针对性的数据和材料进行分析；应对各种测评手段的数据进行综合分析，以全面描述学生的发展情况；如果有纵向的数据，则应包括纵向分析；如果可以获得其他组（班级、年级、学校）的对比数据，则应通过横向比较来分析学生的发展情况。

（三）活动表现评价要注重过程

活动表现评价是一种值得倡导的评价方式。这种评价是在学生完成一系列任务（如实验、辩论、调查、设计等）的过程中进行的。它通过观察、记录和分析学生在各项学习活动中的表现，对学生的参与意识、合作精神、实验操作技能、探究能力、分析问题的思路、知识的理解和应用水平以及表达交流技能等进行评价。活动表现评价的对象可以是个人或团体，评价的内容既包括学生的活动过程，又包括学生的活动结果。

活动表现评价要有明确的评价目标，应体现综合性、实践性和开放性，力求在真实的活动情境和过程中对学生在知识与技能、过程与方法、情感态度与价值观等方面的进步与发展进行全面的评价。

1. 活动表现评价与传统认知评价的比较

活动表现评价是建立在对传统的纸笔测验进行批判的基础上的。传统的纸笔测验评价方法的不足有：测验内容关注低水平知识、孤立的内容与技能；测验仅仅是测出了结果，没有考虑学习者的思维与问题解决的技能；客观选择题比例高，不能测量出学习者在真实世界中的应用理解能力。

与传统的纸笔测验相比，活动表现评价的优点为：涉及较高水平的思维与问题解决能力；可促使所获得的知识和能力在实际中的应用；力求让学生表现出创造能力、设计能力。

2. 活动表现评价案例设计

活动表现评价是用来评估学生完成任务的过程、结果和产品的质量体系。它将学习与活动结合起来，使学生在活动中培养综合能力和科学素养，同时对学生进行综合评价。这种评价要求学生实际完成某种任务或一系列任务，如编故事、演讲、做实验、操作仪器、辩论、调查、实验设计、制作概念图等，从中表现出他们在理解与技能上的成就。这种评价的根本特点是力求在真实的活动情境中测量出学生的行为表现。因此，活动表现评价的设计力求反映在活动过程中学生的所想、所做和课程目标要求的差异。

第三节　课堂教学评价策略

一、化学课堂教学评价应遵循的原则

（一）新课程课堂评价的误区

课堂教学改革是新课程实施的关键。可以这样说，新课程实施的成败取决于课堂教学改革的速度和程度。如果在课堂教学中，教师的教学观念、教学行为习以为常，学生的学习方式依然如故，那么课程改革必将流于形式。基于新课程课堂教学评价的理念，评价者要与上课教师一样，认真领会新课程标准的精神，做课改的指导者和促进者。然而，新课程改革的课堂评价中却存在一些误区。

面对笼统的新课程标准的内容、家长的需求和考试的压力，教师们心中没有底，但还必须大胆地去尝试、去摸索，以此丰富新课程标准的内容，推动教学改革的深入。在探索的过程中，任何教师都难免会出现这样或那样的错误，在新课程标准指导下的课堂评价，既要本着帮助教师提高水平的初衷，又要用发展的眼光看待教师，保护教师的课程改革积极性，这样才能真正达到评价课堂教学的目的。

在具体的课堂教学评价过程中，主要存在以下评价误区。

1. 用老眼光看新课堂

上课者观念变了，努力探索新课标，实践新课标，然而评价者的思想观念却没有多大转变，还停留在传统的评价观念上，意识中仍然抱定教师中心这一观念，这势必给上课者的改革实践带来消极影响。

2. 把教师和学生都看得过高，脱离实际

在评课过程中，评价者过高估计教师和学生的水平，潜意识认为教师的教改课堂应该是十全十美的、学生的理解应该很到位。如果教师在课堂上出了一点差错，就是一堂失败的课；如果学生回答问题不到位，就是教师引导不得力。其实，许多教师都是第一次接触新课标和新教材，即使领悟了改革的精神，但在具体操作中仍会出现把握不住的情况；而学生自主学习得出的答案也不一定准确、深刻，甚至只是说到问题的皮毛。

3. 只看表面热闹，不重实效

一直以来，气氛热烈的课堂是上课成功的标志之一。只要学生举手了，教师讲了，大家讨论了，就是一堂好课，没有了解学习的实际效果。这就是只看表面，不看效果，使课堂教学成了形式主义，而没有实际的效果。

4. 只重视教师的展示，不重视学生的自主探索

评课时对教师的角色比较看重，认为教师只要自身展示得好，讲得头头是道，引导得当，就是一个好教师，就是一堂好课。而新课程标准完全转换了教师的角色，教师的主导作用不仅仅是组织课堂教学，更主要的是让学生学会学习，进行自主探究，通过学生自己的感悟深入理解，教师只是以平等的身份参与课堂学习，是平等中的首席。

5. 只重结论，不重过程

只重结论，不重过程，即传统教育的显著特点。评课者只关心这节课学生掌握了多少知识，而没有重视这些知识是"死记"得来的还是"活学"得来的、是听来的还是学来的。新课程标准所重视的刚好就是学习的过程，而不再过于重视学习的结果。

6. 只重视学生自主，不重视教师传授

在新课程标准强调学生自主、合作、探究、创新学习的前提下，教师非常重视对学生以上精神的培养，却忽视了对知识的传授。评价者也同样出现这样的倾向，只看学生动了多少，抛弃了教师"教"的环节，从而使得评价不全面。这是从一个极端走向另一个极端。

7. 只重视教学手段，不重视教学过程

现在，信息技术发展迅速，学校的电教设施越来越完备，这就为课堂教学提供了良好的条件。毋庸置疑，多媒体可以增大课堂容量，增强形象直观性，提高学生的学习兴趣，收到意想不到的效果。但在评课过程中，却出现了不用多媒体就不是好课，就不能获奖的现象，将教学手段和教学过程的作用颠倒了。

总之，课堂教学评价直接影响着新课程改革的进程，只有全面、客观、公正地评

价课堂教学，才能保护教师的课程改革积极性，正确引导课程改革走向深入。

（二）化学新课程对教师教学的要求和评价策略

课程改革的核心环节是课程实施，而课程实施的基本途径是教学，如果教学观念不更新、教学方式不转变，课程改革就将流于形式，事倍功半甚至劳而无功。课程、教材改革是素质教育的突破口，而课堂教学改革将是一场更持久、更复杂的攻坚战。教师教学评价改革中最重要的问题是，对教师教学工作进行评价的重点、内容和标准的制定必须有利于教学观念和教学方式的转变，这样才有可能保证学生学习方式的转变，从而落实课程标准的目标和要求。

对教师教学工作进行评价的基本要求是：以课程改革纲要和新的课程标准为基准，有利于促进学生科学素养的全面发展，有利于发挥教师教学工作的主动性、积极性和创造性，有利于教师实现教学观念和教师教学方式的转变，有利于教师角色的积极转变，有利于良好的校园文化的建设，有利于反思意识和专业能力的发展。对教师教学工作进行评价的重点和内容包括以下方面。

1. 教师的教育教学观念

教师拥有怎样的课程观、学生观、评价观对于教师开展教学工作非常重要。最重要的是教师是否愿意接受新鲜事物，是否愿意并且善于进行自我反思、不断地调整与自我发展。

2. 教师的教学基本功

新课程对教师的教学基本功的要求不是降低了，而是更高了。例如，教师的语言、表达能力如何，教师的板书、书写技能如何，教师能否清楚流畅和重点突出地表达自己的观点，教师是否善于发现、概括别人的观点，教师的演示和实验技能如何，等等。

3. 教师课堂教学的策略水平

是否善于提出驱动性问题，引发和组织讨论？是否善于处理课堂上出现的突发事件？是否善于调动全体学生积极参与、控制和减少课堂上的无关行为？是否善于引导学生或驱动学生自己提出问题、形成假设、制订计划、实施实验、收集处理有关数据资料、概括得出结论、进行合理的解释推论？是否善于在学生进行学习活动的过程中适时地对学生的学习行为进行适当、有效的评价和指导？是否能够运用合理有效的手段和策略揭示和了解学生已有的认识和观点？是否能够运用有利的事件事实、问题情境、实验证据、模型推理等方法策略使学生现有认识和观点发生积极的转变和发展？

对教师课堂教学的评价应该更注重上述各个方面，而不是教师是否按时完成规定的教学任务；更加关注学生在课堂中的感受和收获有多少、发展和变化有多少，而不是教师讲了多少、做了多少。

可以通过了解学生在课堂上主动提出问题的次数和质量如何，学生分组讨论和实验活动时是否积极、有序，课堂上所研究的问题是否有价值，问题是由学生自己提出的还是由教师提出的，是否鼓励学生自己针对问题发表观点和认识，学生有无针对问题的答案提出自己的假设，课堂上所学习的内容是否与课程标准相关，教学是否体现课程标准的要求等各个方面来对教师课堂教学进行评价。

另外，还应该评价教师为课堂教学做了哪些准备，为克服教学中的困难做了哪些努力，为学生做了哪些辅导和服务，选择了哪些有意义的课程资源，教师是如何处理课程标准、教材、课程资源与课时等之间的关系的。

（三）化学课堂教学评价应遵循的原则

高中化学新课程的实施，迫切需要与之配套的教师化学课堂教学效果评价方法。新课程理念下，教师化学课堂教学效果评价要以新课程理念和现代教育评价理论为基础，要以促进教师的专业化发展为目的，构建一套完整的教师化学课堂教学效果评价方案，并付诸实施。

评价原则是构建和实施评价总的要求，反映了评价的指导思想，即人们期望评价处于何种状态、达到怎样的效果。所以，评价原则是评价方案和评价实施过程的灵魂。综合新课程理念下教师化学课堂教学效果评价观和现代教育评价理论，对评价方案的构建和实施提出以下原则。

1. 评价功能的发展性原则

评价功能是评价方案各要素按一定结构组合后所具有的工作能力。新课程理念下，教师化学课堂教学效果评价要具有促进教师发展的功能。也就是说：一是要促进化学教师对自己教学行为的分析与反思，促进其对新课程理念有更深、更透彻的理解，能进一步落实到位，使课堂教学的策略水平获得提高，最终促进学生的发展；二是要通过评价的实施，使化学教师热爱化学教学事业的情感获得发展，把化学教学作为自己人生价值获得实现的途径，让自己的个性在其中获得展示和凸显。

2. 评价方式的多样化原则

方式是人们说话、做事所采取的方法和形式。化学课堂教学的评价方式就是指在对化学课堂教学进行评价时所采取的方法和形式。人们通常将评价方法分为定量评价和定性评价两种；将课堂教学评价的形式按评价的主体划分为他人评价、教师自我评价与学生评价三种。

化学课堂教学是一种复杂的教育现象。单纯地将其中的各种变化因素简化为数字，通过分析比较数字大小来评价其优劣——定量评价，或单纯地通过观察、调查、描述课堂上的现象来评价其对课程目标的实现程度——定性评价，都难以准确反映课堂教学的实际状况和运行水平。因此新课程理念下，教师化学课堂教学效果评价应坚持评价方式多样化的原则，要采用以定性评价统领，与定量评价相结合，以教师自评为主，包括他人评价、学生评价在内的灵活多样的形式。

3. 评价内容的全面性原则

以往的教师化学课堂教学效果评价往往只以学生的考试成绩为评价内容，或只以教师在课堂上展现的教的情况为评价内容。这些信息显然不是化学课堂教学的全部，其评价的结果也必然不够客观和真实。

新课程理念下，教师化学课堂教学效果评价应全面收集化学课堂教学的各种信息，既要包括学生学的状态、在学习中的情感和体验、对教师教的意见、学习收获，还要关注教师教的情况，考虑教师在教学过程中的感受和体会等。只有评价内容全面，才可能保证评价结果的客观，从而保证评价功能的有效发挥。

4. 以学论教的原则

任何评价活动都是有目标导向的，化学课堂教学评价也不例外，其目标是促进学生和教师两个方面都得到发展。化学课堂教学活动的目的是促进学生的全面发展，教师专业水平发展的标志应是获得较高的促进学生发展的教学专业水平。因此，新课程理念下，教师化学课堂教学效果评价标准应着眼于学生，应坚持"以学论教"的原则，即以学生情绪状态、交往状态、思维状态、目标达成状态来评价教师的教学效果。

以学论教并不是以"评学"代替"评教"。评学与评教不同，评学代替不了评教。首先，二者的直接目的不同，评学是为了促进学生的全面发展，而评教是为了促进教师的发展；其次，二者评价的范围不同，评学一般只关注学生，不将教师列为评价对象，而评教则既要着眼于学生是否获得了应有的发展，又要着眼于教师从教学目标确定到教学设计以及教学实施过程的各个方面所表现出的素质和水平；再次，评学与评教都关注学生，但关注的侧重点不同，评学既要评价学生的总体学习状况、学习成果，更要关注每一个学生个体的学习成效，而评教虽也关注学生个体是否获得了发展，但更多的是从学生群体的状态来评价教师的教学状况；最后，学生在课堂上的状态、学习成效虽然与教师有直接关系，但并不完全取决于教师。所以，评教不等于评学，不能以评学代替评教。但评教与评学又是相互联系的，评教以评学为基础，二者有共同的涵盖区域，而且它们的最终目的又是相同的，那就是提高学生的科学素养。这是我们在"以学论教"时应特别注意与把握的。

二、化学课堂教学评价的基本要素

新课程以发展性教育为基本理念，从发展性教育的角度出发，好的课堂教学的基本特征至少应包括以下几个方面。

（一）教学目标：以促进学生的发展为根本宗旨

人们主要把教学目标定位在对知识特别是教材内容的掌握上，对教材以外的目标则考虑较少。当前，在现代教学思想的指导下，课堂教学目标的确立越来越强调以促进学生的发展为根本宗旨，从"知识与技能""过程与方法""情感态度与价值观"三个维度来确立。除了要求在课堂教学中对学科基础知识、基本技能及基本学习能力和相应的思想品德等基础目标，即德、知、能目标的定位要科学、明确、切合实际外，还要求重视学生主体性发展目标和体验性目标的实现，即在课堂教学中应注意发展学生的自主性、主动性和创造性，并通过教师与学生间的情感交流形成民主和谐的课堂教学心理气氛，让各层次的学生都能获得创造或成功的心理体验，感受到课堂生活的乐趣和愉悦；同时教学重、难点确定要合情合理，把握良好。

（二）教学过程：应做到"生动、主动、互动"

1. 生动

这是对教师在教学过程中对教学内容、教学方法、教学策略的选择以及教学能力表现的总体要求。其可大体分为：

（1）教学设计

科学合理、独特新颖、详略得当。

（2）情境创设

联系实际、适时恰当、启迪思维。

（3）过程调控

因势利导、随机应变、环节紧凑。

（4）方法应用

切合实际、激发兴趣、媒体得当。

也就是说，教师要正确理解并根据学生的实际发展水平及特点创造性地使用教材，合理确定重点和难点，精选具有基础性、范例性和综合性的学科知识，让学生掌握扎实的基础知识和学科基本结构。

同时，教学内容应充实并反映现代科学技术和学术研究的新成果。教学内容应具有挑战性，能激发学生的学习兴趣和求知欲望，能引导学生积极思考，能吸引学生主动参与；重视教学内容的文化内涵，体现科学性、人文性和社会性的融合；关注教学内容的实践性，密切联系社会实际和学生生活实际，通过多种形式的教学实践活动，使理论与实际相结合，培养学生的动手实践能力与分析、解决实际问题的能力。

教师要较好地对课堂教学进行组织、管理和监控，根据课堂上不同的情况调节课堂教学节奏；教学容量适当，教学结构清楚，时间安排合理，应变能力强；现代教学技术手段、演示实验以及教具的运用要适时适度且操作规范熟练；教学语言要规范、精练、简明、生动；板书、板画设计应合理，字体规范。

2．主动

这是对学生在教学过程中的情绪状态、参与方式、参与品质、参与效果等主体性表现的总体要求。其可大体分为：

（1）情绪状态

情绪饱满、状态良好、兴趣浓厚。

（2）参与方式

积极主动、方式多样、配合默契。

（3）参与品质

能思善问、善于动手、能够交流。

（4）参与效果

体验过程、掌握方法、提高能力。

（5）活动时空

分配合理、参与面广、活动率高。

现代课堂教学是学生在内部和外部活动的基础上，主动用现有的知识结构去同化或顺应外部世界的过程，是学生自己建构知识意义的过程。通过学生积极主动地参与课堂教学活动，形成独立获取知识、创造性地运用知识解决现实问题的能力以及良好的个性和人格。

好的课堂教学,学生必将情绪饱满,兴趣浓厚,学习主动;有主动参与的时间和空间,有自我表现的机会和学习的主动权;能通过自我选择、自我监控、自我调节,逐步形成自我学习的能力;能在原有基础上、不同起点上获得最优发展,形成自己的特色和鲜明个性,而不是按统一模式"填平补齐";能经常体验到学习和创造的乐趣,创新意识和创新精神得到培养,形成独特创造力。

3．互动

互动是对课堂教学信息交流的总体要求。其大体可分为：

（1）师生交流

教学互动、平等参与、善于沟通。

（2）同学交流

体现合作、气氛热烈、机会均等。

体现现代教学思想的课堂教学非常关注课堂中体现出来的群体间人际关系和交往活动，并积极建立群体间的合作学习关系。其教学组织形式是集体教学与小组合作学习相结合，教师在"权威、顾问、同伴"三重角色的选择中，学生在竞争与合作两种关系的处理中，形成良性发展的和谐关系。这种关系是一种相互接纳、相互理解的合作、民主、平等、和谐的人际关系。好的课堂教学，即师生共同建构学习主体的过程，它通过多样、丰富的交往形式，有意识地培养学生学会倾听、交流、协作、分享的合作意识和交往技能，并让学生在实质性的讨论中真正地交流想法、丰富见解。

（三）教学效果：使学生获得发展

教学效果是指通过有效的课堂教学使学生获得发展。首先，发展就其内涵而言，指的是知识与技能、过程与方法和情感态度与价值观三者（三维目标）的协调发展。具体表现在：学生在认知上，从不懂到懂，从少知到多知，从不会到会；在情感上，从不喜欢到喜欢，从不热爱到热爱，从不感兴趣到感兴趣。课堂教学的有效性特征（或表现）很多，但简而言之是学生愿意学、主动学、轻松学并且学得好。

有效的课堂教学才能有好的教学效果。有效的课堂教学是指教师遵循教学活动的客观规律，以尽可能少的时间、精力和物力投入，取得尽可能多的教学效果，从而实现特定的教学目标，满足社会和个人的教育价值需求而组织实施的课堂教学活动。课堂教学活动的有效性正是在教学效果中体现出来的教师和学生共同活动引起学生身心素质变化并使之符合预定目的的特性。

什么是有效教学？一般认为，经过一堂课或者一个阶段的教学，对于化学学科，学生能够保持持续的学习兴趣，取得明显的学习收获，同时在学习之中，创新意识和实践能力有明显的提高，这就是课堂教学有效性的基本内涵。而"兴趣"和"收获"，就是衡量高中化学课堂教学效益的两个主要依据。

1. 学生有兴趣是课堂教学有效性的前提

兴趣是驱使学生去学好功课的内在动力。现代心理学认为，青少年心智发展的根本原因是一种内在的认知需要。学生在学习过程中不断碰到新的问题，就会产生探究的求知欲望，从而激发出学习的积极性。

2. 学生有收获是课堂教学有效性的体现

课堂学习必然要讲求收获和回报。所以，学习收获作为衡量课堂教学有效性的重要依据，必须在课堂教学之中具有明显的体现。其具体内容为：

（1）学科知识的收获，可以称为知识有效

化学是一门知识点多又散的学科，如何让学生在有效的时间内有所收获，这是教师必须思考的问题。因此，教师设计的每节课都要让学生感觉有收获。

（2）创新实践能力的提高，可以称为能力培养有效

从教学功能上看，化学教学更加重视培养学生分析问题、解决问题的能力，引导他们运用分析、推理、概括等方法来认识问题的实质、掌握规律，完成从感性认识上升到理性认识的飞跃，在这个过程当中培养学生的创新思维和创新能力。

那么如何在教学中培养学生的创新思维？通常认为，实验设计最有利于创新思维的培养和提高，可以使学生的潜能得到挖掘。比如，化学习题中常常涉及一些与实验

相关的内容，用书面的方式解决，思维有一定的局限性，如果放手让学生通过设计实验来解决，有意识地为他们创设一种良好的探究情境，则有利于培养他们思维的发散性，培养他们动手动脑的能力。

课堂教学是在固定时间、固定地点内，针对固定学生进行的。有效教学要看教学目标的达成度，不仅要"有效果"，还要"讲效率"，不可"投入多、产出少"。教学不能只面对少数"优生"，应尽最大可能不使一个学生掉队。只有这样，才是真正有效的教学。

分析成因，主要是教学方法仍以讲授为主，单调枯燥、缺乏情感，教学过程中多灌输验证、少启发探讨，多指责压抑、少宽容引导，多包办限制、少激励创新，尤其是对学生的学法指导是空泛、低质、缺乏策略的。所有这些造成了学生无自主学习的意识，学习习惯差，学习能力不强，学习质量自然不高。学生最终获得的化学知识具有很强的记忆性色彩，在多变的真实情境中，常常不能有效迁移、灵活应用，就像上面提到的"举三无法反一"。所以长期以来，教师教得无味，学生学得无趣，教学效率低下，于是只能兴"加时之风"，靠"补课之功"，搞"题海战术"，行"死记之道"，教师教得辛苦，学生学得痛苦。鉴于此，开展有效课堂教学的研究是新课程改革赋予教师的第一要务。

影响教学有效性的因素是多方面的，社会的进步、校园的环境、家庭的生活状况等很多方面的影响都不可忽视，有效教学的研究必须与时代发展同步；而教师的教学观和教学技能、学生的学习态度与方法、教学资源及利用的影响更为直接，这些是一线教师关注的重点。

总之，有效教学主要是指通过教师在一段时间的教学之后，学生获得的具体进步或发展。教学是否有效，并不是指教师有没有完成教学内容或教学是否认真，而是指学生有没有学到什么或学生学得好不好。如果学生不想学或学了没有收获，即使教师教得很辛苦也是无效的教学；同样，如果学生学得很辛苦，但没有得到应有的发展，也是无效或低效的教学三可见，有效教学是符合新课程的基本理念的——促进学生发展。课堂教学的有效性是教师的永远追求，教师要在新课程的理念指导下，以学生发展为本，吸取传统教学的成功做法，转变教学模式，讲究方法策略，精心设计，用心调控教学过程，精讲导学、巧问诱思，把主动权交给学生，就会发现学生比预想的要聪明得多，课堂也会变得活力四射。

三、化学课堂教学评价标准

制定新课程课堂教学评价标准可从下列几个方面来考虑。

（一）优质的课堂教学目标：基础性目标与发展性目标的协调与统一

基础性目标是按照新课程标准、教学内容的科学体系进行有序的教学，完成知识、技能的教学。发展性目标包括以培养学生学习能力为重点的学习素质和以情感为重点的良好社会素质。课堂教学目标就是把知识、技能教学与能力、情感教学有机地结合起来。

这里值得强调的是，课堂教学的各项目标都应既有与认识活动相关的内容与价值，又有其相对独立的内容与价值。这些方面的综合，构成了学生学习的整体发展。当然，这不是一两节课能完成的，而必须通过每节课来实现，渗透在课堂教学的全过程。因此，在确立课堂教学目标时，要注意两方面的关系与整合：一方面是知识体系的内在联系与多重关系，以求整合效应；另一方面是学生学习活动诸多方面的内在联系、相互协调和整体发展。只有这样，课堂教学中完整的教育才能成为可能。

（二）科学的课堂教学过程：激励性、自主性和探究性课堂教学策略的有机统一

新课程教学策略研究，主要解决学生学习的三方面问题：一是"爱学"，即学习的能动性。二是"会学"，即学习的自主性。三是"善学"，即学习的创造性。由此推出课堂教学策略的三个体系：激励性教学策略体系，自主性教学策略体系，探究性教学策略体系。

1. 激励性教学策略体系

使学生明确学习的重要价值。布鲁纳说："要使学生对一个学科有兴趣的最好办法，是使他感到这个学科值得学习。"教师可通过精心设计教学过程，优化导入设计，适当补充与学生生活相关联的教学材料，激发学生学习兴趣。

正确运用肯定和奖励的评价方法。奖励具有促进的力量，可让学生发现自己学习上的进步，不断获得学习预期的满足。采取适当的竞争方法，开展适度的竞争有助于激发学生的学习热情。

建立互尊互爱、民主平等的师生关系。学校是满足学生需要的最主要场所，学生到学校里学习和生活，主要的需要是自尊和归属。所以，要真诚地爱每一个学生，真正满足主体的最大需要，激发他们主动学习的强烈愿望。

2. 自主性教学策略体系

问题设计最优化。教师需要注意典型问题的设计、分析和解决，为学生自主的发展提供时间和空间。

学习形式多样化。教师要努力提供丰富多样的教育资源，充分运用现代信息技术

及其他种种技术、组织手段，让学生有可能利用各种学习方式，通过多种感知途径，在集体与个别学习中，在思辨、操作、争论和探究的过程中，实现自主学习。

在教学中注重学法指导。教师的教应当着眼于学生的学。整个教学过程其实是一个"从教到学"的转化过程。在这个过程中，教师应当千方百计地创造条件，注重对学生的学法指导、传授，使学生能"自为研索，自求解决"。

指导学生学会自由学习。自由学习即冲破教育框架的束缚，在开放的环境中，自主地选择学习目标、学习内容和学习方式。我们的教学不能限于仅有的几本教材，要鼓励学生广泛涉猎、拓宽视野，学会收集所需信息，摒除各种错误信息，形成良好的自学习惯。

指导学生学会自我评价。人对事物的看法是由自己来调节的，学生要学会学习，必须学会自我评价，学会自我调节和监控。通过对学习过程、方法和效果的分析，掌握学习策略，运用学习策略主动规划自己的学习任务、确定发展方向、选择学习方法。

3. 探究性教学策略体系

指导学生大胆质疑，给学生发现问题、解决问题的机会，并且以学生的问题作为教学的出发点。

引导学生对教学内容进行评议。鼓励学生发表不同意见和独创性的见解，这是培养学生探究能力和创新精神必要且重要的方法。组织学生进行研究性学习。研究性学习要求学生经常接触研究性质的作业，设计专题性课题，让学生在收集信息、处理信息和研究信息中发现真理、发展认知，提高研究能力。

（三）理想的课堂教学效果：情绪状态、交往状态、目标达成状态的和谐统一

"以学论教"是现代课堂教学评价的指导思想。这里的"学"，一是指学生能否学得轻松，学得自主，主要包括课堂教学的情绪状态、交往状态；二是指学生有没有会学，主要是指课堂教学的思维状态、目标达成状态。这里的"论教"，主要是从课堂教学的四大状态（情绪状态、交往状态、思维状态、目标达成状态）来评价课堂教学效果。没有情绪状态、交往状态，容易形成课堂教学中的"泡沫现象""表面繁荣"。四大状态的和谐统一，才可能产生理想的课堂教学效果。

新的课程评价理念要求在进行课堂教学评价时，一定要本着为师生发展服务的原则，既要关注教师的自身发展，同时还要对课堂教学做出较为准确的评价，才可能不断提高教师的教学水平，使教学改革沿着正确的方向发展。

好的课堂教学必须体现以主体教育思想为核心，符合学生终身学习与发展要求的现代教学观（包括现代教学的课程观、知识观、学生观与质量观）。

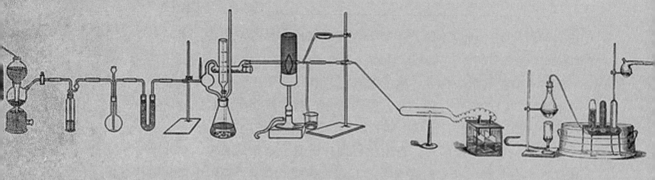

第七章　多模式在高中化学教学中的应用

第一节　多媒体在教学中的应用

随着科技的进步，多媒体已成为当今教学领域的热点。多媒体教学是一种现代的教学手段，它是利用文字、实物、图像、声音等多种媒体向学生传递信息。而多媒体教学法则是以各种电教媒体，如计算机、电视、录像、投影、幻灯等为标志，以传统的教学媒体，如黑板、挂图、实验、模型等为基础的多种媒体有机结合的教学方法。作为一名化学教师，如果能够熟悉现代化教学手段的理论和操作机能，并能依据教学大纲的要求，从学生的实际出发合理选择现代化教学媒体，且使之与传统的教学媒体合理结合，就能够极大地丰富课堂教学，促进学生对知识的理解和记忆，培养学生的各种能力，提高学生的素质，大大提高教学效果。

一、多媒体及其特点

（一）多媒体技术的概念

多媒体技术是以计算机技术为基础，融合通信技术、传播技术，可对文字、图形、图像、音频、视频等多种媒体所载信息进行传输、储存、重放，并且可通过人机交互对它们进行综合处理的一门技术。

（二）多媒体技术在教学中应用的理论基础

1. 现代教学思想

教学是一个双向的教学相长的过程，在教学过程中强调师生之间的民主和平等，尊重学生的个性与自由，主张培养学生的创新精神。教师需要重新为自己定位，即变为学生学习的指导者、合作者和促进者。恰当运用多媒体技术，有利于教师实现新课程理念下角色的转换，有利于培养学生的创造精神，有利于实现教学相长。

2. 建构主义学习理论

学习的过程是一个复杂的综合过程，在教学过程中涉及信息的传播、接收、选择和加工。建构既是对新知识意义的建构，同时又包含对原有经验的改造和重组。建构主义学习理论主张改变教学环境，进行情境教学，而多媒体教学技术能提供丰富的感性材料。有效地创设教学情境，有利于学生新知识的生成、建构和重组。

（三）知识的广泛性

以往的教学以教师的语言和黑板为主要教学模式，课堂容量有限，教学手段单一。但使用多媒体课件则不同，它可以最大限度地调动有用资源，使视、听、读、写功能大大增强；利用热键做注解；补充教材中没有的阅读资料；利用网上资源进行相关知识的搜索。这些都有助于增大课堂容量，培养学生求知欲，活跃课堂气氛。

（四）内容的可调性

传统教学中教师备课书写教案所用时间较长，而且一旦需要修改，就会使教案显得凌乱。但制作成多媒体课件后，教师可以根据教学的要求随时在电脑上加以修改，所需的时间少，有利于教师把精力集中在教学内容的修订和教学方法的改进上，有利于教师把精力集中在总结教学经验不断进行教学改革和创新之上。

（五）便于传播和交流

以前的教案即使完整地书写出来，也会因为表现形式过于呆板，展示性不强而不容易为更多的人所接受。多媒体课件则不同，它可以在计算机连起来的局域网上直接运行供少数人交流，也可以利用电教室的投影在多数人内交流，更有意义的是可以上传到网上或建立个人主页在全球范围内供尽可能多的人浏览。教师之间相互学习、相互借鉴的机会增多，有助于教师总体教学水平的不断提高。

（六）视觉平面的生动活泼性

人们从听觉获得的知识能够记忆 15%，从视觉获得的知识能记忆 42%，而同时使用两种传递信息的工具能够接受的知识约为 65%。多媒体通过对多种感官的刺激作用，有利于学生的长期集中注意力并获取知识。

二、多媒体教学在化学教学中的优势

(一) 有效激发学生学习兴趣

学习兴趣是一种力求认识世界、渴望获得文化科学知识的意识倾向，它既能有效提高学生学习的主动性，又能激发和培养学生持久的认知兴趣，是学习活动得以发动、维持、完成的重要条件。计算机多媒体技术集文字、图形、视频等各种信息传输手段于一体，具有很强的真实感和表现力，可以充分调动学生的学习积极性，使学生产生强烈的学习热情和兴趣，以达到提高化学教学质量的目的。

(二) 使抽象的知识形象化

教师利用多媒体技术丰富的表现力，可对抽象的化学内容进行动画演示和模拟仿真，变抽象为具体，变静态为动态，大大提高化学课堂教学的表现力。例如，在讲解分子、原子等较为抽象的概念时，教师就可以使用三维图像与动画模拟来进行演示，使学生能够直观、形象、生动地了解学习内容，同时突破教学难点。这是传统的教学方法所无法比拟的。但是，模拟化学微观过程必须适可而止。

(三) 有效模拟和再现实验过程

化学实验教学对激发学生的学习兴趣，帮助学生形成概念、巩固知识、获得实验技能、培养观察能力和实验能力等都具有不可替代的作用。有的化学变化瞬间即逝，教师做演示实验时既要自己动手，又要调控学生的注意力，有时就不能很好地组织学生进行同步思考讨论，边实验边探索的气氛不浓。还有一些工业生产过程和有毒、爆炸、危险性较大，不适合在课堂上演示的实验，如利用多媒体视频技术或三维动画模拟，则能较好地解决以上问题。

(四) 突破教与学在时间和空间上的限制

使用多媒体辅助化学教学，可以使化学教学不再局限于课堂和实验室，从而使教和学在时间和空间上得到延伸和扩展。如教师可将自己的教案和课件发布在学校网站或在校园网中进行共享，供学生在课余时间上机查寻和使用，为学生提供良好的课外学习环境。通过设置"网上论坛"，开辟电子信箱，还能实现课程教学过程中的师生讨论、答疑，以及学生相互之间的交流与探讨。

(五) 运用多媒体巩固练习，加大训练密度，提高教学效果

在进行多媒体教学过程之中，要充分发挥人机互动优势，做到"讲、练、议"三

者完美结合，通过课堂练习及时进行教学反馈。一方面能巩固学生知识，另一方面减轻学生的课后负担，符合当前素质教育的需要，给学生更多自由支配的时间。在练习巩固中，能在较短的时间内向学生提供大量的习题，做到高密度的知识训练。教师也可以对学生进行一题多变、一题多解的训练。全方位，多角度、循序渐进的巩固重难点，增大课堂教学容量，提高学习效率。这样使学生既掌握了新知识，又发展了思维，还反馈了信息，并且使不同层次的学生都有自我表现的机会，在不知不觉的练习与教师的表扬和鼓励中不断进步，并从中体会到成功的愉悦，从而都能达到各自的教学目标。利用计算机因材施教，让学生的主体作用在课堂上得到充分发挥，让各类学生都能"吃得饱""吃得好"。使用计算机辅助教学，还可以减少一定量的板书，使教师将有限的时间更多地用于对知识点的讲解、剖析和师生的双边交流上，使学生也始终处在一种积极思考的状态，可以大大提高课堂效率，45分钟的课堂时空被计算机拓宽与延长了。

三、多媒体课件的制作要求

（一）多媒体课件应具有良好的交互性

有些教师制作课件时，将整个课堂教学内容、教学程序以及板书等统统编制进去，使自己成为解说员，与学生的交互性太少，教学效果非常不好。课堂教学是师生的双向交流，是灵活多变的，其教学过程无法预计。而多媒体课件是教师事先根据教学内容设计的教学软件，其执行的过程是不变的。在千变万化的课堂教学中，多媒体课件肯定也不可能涉及课堂教学变化的各种情况，以及根据各种情况所做的各种变化。因此，课件特别是学生自学型的习题式课件，应具有良好的交互性与反馈功能。如果不是特别必要，教师要尽量避免一节课全程使用计算机教学；否则学生的视觉、心理疲劳将会抑制大脑对信息的接受。

（二）注意选材，不可过滥

教师应将课件的制作着力点放在如何调动学生思维、体现学生学习主体性上。课件制作要力求简洁、实效，使多媒体课件褪云花哨"外衣"，平平常常、落落大方地进入课堂。因此，教师在设计编制时应注意以下问题。

（1）多媒体课件的知识内容要具有科学性与可接受性，并与教材的重点和难点相结合。

（2）应按照学习者的认知规律选择多媒体课件，坚持直观性与发展学生思维相结合、模拟实验与实际实验相结合。

（3）渗透部分教学录像内容，避免花费很多时间和资金在制作动画内容方面。

（4）课件设计与编制要有明确的指导思想和理论基础，要坚持高标准，处理好总体构思与具体设计的关系，应具有较强的交互性、较友好的界面，并且具有可编辑功能。

（5）多媒体课件应以小的"积件"为主要形式。做好的多媒体课件，应适合人人使用，不因教学思路和课堂结构的不同而发生冲突，即一个难点对应一个课件，即使教学思路变了、课堂结构变了，课件仍然可以使用，只有这样的课件才会有强大的生命力。

（三）精心创意构思

1. 设计要注重创意和构思

教学设计的创意和构思是决定多媒体课件成功的关键。一个多媒体课件的制作从技术上来说并不是很难，难的是课件的设计与构思。教师在制作中，必须根据教学的实际需要，恰当运用文字、图片、声音、动画、视频图像等形式，充分发挥多媒体的形象、直观、交互性强和非线性等特点，必要时可运用特技手法，适度夸张，强化感染，创设更为生动的教学氛围，激发学生的学习兴趣，以求达到最佳教学效果。同时根据教学内容、目标、重点与难点，结合学生的兴趣、爱好、学习方法和学习习惯，精心设计，合理安排课件及结构流程。以自己的技术水平和手中所拥有的创作素材，通过新颖的创意与独特的构思，将现有素材和教学内容完美结合起来，从而制作出优秀的多媒体课件。

2. 设计要注重便捷性

师生是教与学的主体。多媒体课件操作界面的背景、画面、颜色对比一定要和谐、美观，使人看了心情舒畅，这有利于教师轻松愉快地教、学生轻松愉快地学。界面上的光标、按钮、导航标识设置要规范，不可干扰主体，分散学生的注意力。多媒体课件最好制作成非线性的，可方便教师根据需要随时任意进行播放、暂停、重播、跳转、退出等操作。即使一时操作失误，也能快捷地排除。

3. 设计应注重艺术性

用完美的艺术形式表现教学内容，这是保证课件具有更好教学效果的关键。多媒体课件是一种综合的教学艺术作品。它既要有很强的启发性和可视性，又要富有表现力和感染力，还要更加有效地引发学习者的兴趣及想象力。为了加强艺术效果，在制作过程中可充分运用视频和音频特技，使之更加形象、生动、富有情趣，更具震撼力、感染力。

（四）注意信息交流，资源共享，避免重复开发，耗资费时

素材的占有量和质量的优劣，会直接影响整个多媒体课件的质量。没有好的素材，即使对软件使用再熟练，也创作不出好的多媒体课件。素材的获得要靠多渠道积累，可通过自制、购买、收录、下载、交流，不断完善素材库。另外，各地开展计算机辅助教学的程度各不相同。有些地区与学校对化学多媒体课件的研究工作相互重复或相

近，缺少彼此间的交流与联合，造成人力和资金的浪费。所以，有关教育部门应建立一个计算机辅助教学研究信息交流网络中心，定期交流与探讨计算机辅助教学的研究成果和实践经验，集中人力和财力开展多媒体课件开发与制作，推动多媒体在课堂教学中发挥更大的作用。

四、运用多媒体教学应注意的问题

（一）多媒体是一种教学手段，但不是唯一手段

教学手段是师生教学相互传递信息的工具、媒体或设备。伴随着科学技术的发展，教学手段经历了口头语言、文字和书籍、印刷教材、电子视听设备和多媒体网络技术等五个使用阶段。多媒体具有交互性强，集图片、文字、声音、动画等多种信息于一体等特点，在抽象概念、微观世界、复杂实验等教学上有着明显的优势。也就是说，每一种教学手段都有它的优势，教师要根据需要选择最适合的教学手段，并努力发挥它的优势。

（二）多媒体只能用来辅助教学

多媒体是教学手段，不是教学方法，更不能代替课堂教学。现在一些观摩课整堂课都是多媒体展示，花里胡哨，使学生只有看、读的义务，没有思考质疑的空间，形成新的"电灌"或"网灌"，表面"阳光灿烂"，根本没有实际效果。多媒体在教学上只能起辅助作用，过多过滥会使学生丧失想象力，所以教师一定要摆正多媒体的位置，才能真正推进教学。课堂教学的内核还是教学活动，通过师生活动来实现教与学的目的，多媒体的使用是为了更好地开展学习活动，使学习活动更加生动有趣，以提高学习活动的效果。

（三）多媒体使用需要研发

要充分发挥多媒体在教学中的作用，就一定要在使用上进行研究和开发。现在的多媒体教学，很多课件的制作没有基本的思路，也没有具体的方法，只是充当文字呈现的载体，或者教师拿来别人的课件，零碎地、被动地使用。这样使用多媒体，不但不能发挥优势，甚至还会影响教学的效果。所以，加强对多媒体使用的研发是必要的。

五、多媒体技术在教学中的运用策略

（一）注重把多媒体技术运用到化学教学各个环节

在备课环节，化学教师可以根据教学大纲，认真研究教学中的重难点问题，根据化学教学需要，区分不同层次，确定书面教案和多媒体教案的具体内容，高质量地完

成备课任务。在课堂教学环节，化学教师可以充分利用多媒体技术展示化学教学中的重点内容，激发学生的兴趣，吸引学生更好地投入化学学习中，提高化学教学的效果。在课堂提问环节，化学教师可把一些问题通过多媒体形式演示出来，而不是直接进行书面提问，以提高学生认识问题、分析问题的能力，增强学生探究化学问题的兴趣和能力。在作业批改环节，化学教师可以以多媒体形式布置作业，让学生通过网络答题，并且把学生的答案通过多媒体形式表现出来，认真加以分析讲评，鼓励一些新颖的、具有创新性的回答，指出学生存在的一些共同性的问题，更好地发挥作业在促进学生化学学习中的作用。同时，化学教师要加强与学生之间的交流，听取学生对化学教学的建议，不断提高多媒体教学的水平。

（二）提高化学教师利用多媒体技术进行教学的能力

对于学校来说，首先需要通过座谈会、研讨会、宣传等各种形式，使化学教师明白在教学过程中运用多媒体技术对提高化学教学效果的重要性，让化学教师形成利用多媒体技术进行化学教学的自觉性，这是提高化学教师利用多媒体技术进行教学的能力的前提。同时，学校还要加强硬件设施建设，投入一定的资金和精力，建设好计算机机房、多媒体教室和化学教师所需要的计算机及其软硬件等设施，从而为化学教师利用多媒体技术开展教学提供前提基础。此外，学样可以通过鼓励进修、召开交流研讨会、举办培训讲座等形式，加强对化学教师利用多媒体技术的培训，还可以组织化学教师到其他学校进行实践学习，以此来不断提高化学教师运用多媒体技术开展化学教学的能力。学校可以积极开展评优活动，评选出优秀的化学课件、利用多媒体进行教学的优秀化学教师等，以激发化学教师的内在动力，增强化学教师进行多媒体教学的积极性和主动性。对于化学教师来说，需要增强学习、掌握多媒体技术的主观能动性，结合化学教学的特点，积极利用课余时间研究多媒体技术，努力向多媒体技术掌握好的化学教师学习，以不断增强利用多媒体技术进行化学教学的能力。

（三）实现多媒体化学教学与传统化学教学的有机结合

多媒体技术在化学教学中，一方面具有十分重要的作用，另一方面也存在一些不足。例如，课件的闪动性如果过快，就不利于学生对化学公式、实验结果等重点知识的理解和把握；在化学教学过程中，学生有可能过分注意课件的声音、图像等播放效果而忽视了对知识的学习。而一些传统的教学手段，则可以有效地弥补多媒体教学中存在的不足。在化学教学过程中，教师应该把多媒体教学手段与传统教学手段结合起来，科学合理地把握多媒体教学与传统教学的时机，在两种教学手段的有机结合中突出和突破化学教学中的重难点问题，使化学教学能够取得更好的效果。

（四）充分体现学生的生理特性，发挥学生的主体作用

一般来说，听觉的疲劳比视觉的疲劳来得快，但视觉也不宜长时间受强刺激。因此视、听手段一般要交替使用，如果是单纯的听觉，高中生一般不宜超过 10 分钟。因此，利用电教媒体在讲解一段时间后，可以通过让学生观看大屏幕出现的信息，使学生利用视觉器官进行短时间的自学，然后进行讲评。这样对学生视、听觉交替进行，可防止学生疲劳，使学生始终保持良好的精神状态。对于高中生的注意力，一般能持续 35 ~ 40 分钟，以后就会出现低谷。为了让学生的情绪由平静状态向活跃状态转化，可以在学生情绪处于平静状态时运用电教媒体来进行刺激。如播放合适的音乐、与学习内容相关的动画等。信息技术的发展特别是多媒体技术的发展，为化学教学的改革与发展注入了新的生机和活力，对化学教学的开展确实具有很强的促进作用。但同时我们必须看到，化学教学是一门实验性很强的学科，通过动手做实验使学生获取知识、提高能力，是化学教学中必不可少的部分。因此在化学教学中，教师需要正确把握运用多媒体技术的角度，避免陷入"为了多媒体教学而运用多媒体"的误区，并结合多媒体的特点和化学学科的特点，深入研究多媒体技术介入化学教学的优势、不足、途径和策略，以之作为辅助工具带动化学教学的开展，更好地发挥多媒体技术在化学教学中的作用。

第二节　情感在教学中的应用

随着国家课程改革的全面实施，化学课程标准所要求的"知识与技能、过程与方法、情感态度与价值观"的课程目标已逐步深入人心。化学教学中如何落实情感目标，是每位化学教师必须探索解决新的问题。

情感教育是完整的教育过程的重要组成部分，通过在教育过程中培养学生健康的社会性情感品质，发展他们的自我情感调控能力，促使他们对学习、生活和周围的一切事物产生积极的情感体验，形成独立健全的个性与人格特征，真正成为品德、智力、体质、美感都得到全面发展和养成具有社会主义觉悟的有文化的劳动者。

"情感态度与价值观"是化学学科素养结构之一，在学科教学中如何培养学生的情感态度与价值观具有深远的研究意义及必要性。情感教育不仅是学科教学的手段、方法，更是学科教学的目标之一。因此教师应该用情感教学陶冶他们的性情，完善他们的道德品行，从而把学生培养成身心健康的合格人才。

一、情感教育在化学教学中的积极作用

情感是人对客观事物是否符合需要、愿望与观点而产生的体验。心理学研究表明，情感是教育活动的非智力因素，与学生的智力活动、道德品质、心理健康等有密切的联系。所谓情感教育，从最根本的含义上说，就是指教师在教学过程中，在充分考虑认知因素的同时，充分发挥情感因素的积极作用，以完善教学目标，增强教学效果的教育。

在化学教学当中，教师应根据学生的心理发展规律和特点，引入情感因素。许多事实证明，真挚、平等地与学生对话，是与学生沟通感情、交流思想最重要的手段。化学作为一门重要的自然科学的基础学科，已经是现代科学技术的中心学科之一。无论是工农业生产和国防现代化，还是信息技术与纳米技术等先进科学技术都离不开化学的许多基础理论。而整个化学教学过程又是青少年进入化学知识宝库的入门和启蒙，是培养学生学习化学的兴趣，具有初步的观察事物、分析问题、解决问题的能力的关键。因而在初、高中化学教学中，激发学生对化学的兴趣，调动其学习的积极性，对今后的深造打下良好的基础有着非常重要的作用。

就高中生的心理和生理特点而言，他们一方面有着强烈的求知欲望，对各种新鲜事物好学、好问，富于幻想；另一方面这种学习积极性往往与短暂的"直接兴趣"挂钩，遇到较为抽象、理性的化学知识时，这些困难便会很快地使他们失去学习的积极性，最后导致初、高中化学教学的失败。因此激发并稳固学生的学习兴趣，充分调动其学习积极性是每一个初、高中化学教师在教学过程中所面临的重大课题。解决这一问题的方法自然很多，比如班主任工作、家庭教育等。而从初、高中化学教学这一角度来说，教师的教学水平、教材的内容设置无疑都是很重要的因素。其中，教师教学过程中对学生的情感教育和化学教材编制中对学生的人文关怀又是极其重要的。

影响高中生化学学习的因素主要有：原有知识水平、能力因素、情感因素、环境因素等。这里所说的情感因素是稍宽泛的，它包括学生学习的动机、兴趣、情感和意志等。情感因素虽然不直接参与认知活动，但却直接影响着认知活动的效率；它在教学活动中的主要表现为：激发学生的学习兴趣成为学习的内在动力，激发学生自觉地去克服学习中的困难，保持积极的学习状态。因此教师在教学过程中，既要将知识传授和智力培养有机结合起来，又要注意情感因素的培养，如动机、情感、兴趣、意志等。情感因素对学生的学习兴趣、学习效果起着不可忽视的作用。民主地、坦诚地与学生对话，是教师与学生沟通感情、交流思想最重要的手段。

情感教育是教育过程的一部分，它通过关注教育过程中高中生的态度、情绪、情感以及信念，促进学生的健康发展。情感如同肥沃的土地，知识的种子就播在这块土地上。教师通过各种形式表现出来的对学生恰当的尊重、平等、理解、关心、信任、期待，往往具有很大的感染力、感召力，能使得教师的教育思想和措施得到更好的贯彻执行，并能充分体现学生的主体地位，提高他们接受化学知识的积极性和主动性，从而收到事半功倍的效果。具体来说，情感因素在化学教学中的作用主要表现在以下四个方面。

（一）有利于拉近师生间的心理距离，建立良好的师生关系

师生之间由于年龄、阅历、文化程度、兴趣爱好等因素的差异，一般都存在心理上的"代沟"，从而较难建立和谐、融洽的师生关系。亲和的师生情感可以使学生产生爱屋及乌的感受，这就是所谓的"亲其师，则信其道"。历史上有不少名人就是因为信任和尊重某位老师，而这位老师的一句话或某一件事决定了他终生为之奋斗的事业，并使他做出杰出的贡献。当然，师生之间情感上保持协调和融洽，起关键作用的是教师。如果教师热爱学生，尊重学生，对学生一视同仁，循循善诱，多和学生进行情感上的交流，学生自然愿意接近教师，从而会逐渐拉近与教师的心理距离，建立良好的师生关系。师生之间能以朋友的身份或以同伴的关系以诚相待，互相信任，是难能可贵的。化学因其化学量多，公式应用条件灵活、复杂，会给学生的学习带来较多的问题和困难，这些问题的解决和困难的突破需要一定的时间、适当的空间和良好的人际交往环境。平等的师生关系，有利于营造宽松的课堂教学和学习氛围，有利于师生的情感交流与心灵沟通，可以为学生学习化学知识、探索化学问题创造良好的时空条件和心理环境。

（二）有利于学习兴趣和成绩的提高

兴趣是学习动机中最活跃的部分，它使学生积极主动、心情愉快、全神贯注地学习，不以学习为负担，而以学习为享受，所以学生在浓厚的兴趣下学习化学知识常会掌握得迅速而牢固。只有热爱才是最好的老师，知之者不如好之者，好之者不如乐之者。教师应充分发挥情感所具有的与人交流、互相感染的特性。根据学生的不同个性、特点和基础，提出不同的正面的学习期待，并尽量被学生所洞悉，使学生产生积极的心理定势。每个学生都有闪光点，都有上进心。有些学生由于学习基础较差，或者认知能力相对较弱，化学成绩不甚理想，他们对学好化学本来就缺乏信心，再加上受到老师的冷淡、批评甚至嘲笑，与老师缺乏情感沟通，对化学缺乏学习成功的情感体验，使得化学成绩每况愈下。作为教师应充分认识到这些学生的学习困难，感受因学不好化学而给他们带来的焦虑和痛苦。在教学过程中要及时发现学生的点滴火花，并加以肯定和鼓励，使学生充分感受到老师对自己是信任的，对自己是充满期待的，使学生在学习化学中既有安全感、尊严感，又有积极性、进取心。更为重要的是，教师对学生的信任、期待、尊敬、理解会使学生感到自己是学习的主人，这也是我们想要的与"填鸭式"教学相悖的新兴教学方式——情感教育。

（三） 有利于全体学生的和谐发展和学困生的转变

人本主义心理学强调学习中人的情感因素，必须尊重学习者，将学习者视为学习的主体，重视学习者的意愿、情感、需求和价值观。当教师对学生怀有赤诚之心，浓浓的爱意，学生经过自己的观察和体验，看出教师的善意和对自己的真诚爱护，就会敞开心扉，乐于接近教师并心悦诚服地接受教育。当学生带着积极的情感去学习时，学习动机就会增强，思维、记忆等认知功能就会活跃起来，从而大大提高教学效果。

高中生一方面是基础相差不大，兴趣爱好又各不相同；另一方面是家长文化层次不同。当他们学习成绩差或违反纪律时，教师对他们提出过高的要求或是恶语打击的时候，学生就会对化学学科产生厌倦感。面对这些情况，教师必须用自己的真情去感化他们，使他们心理得到平衡，愿意从内心深处接受化学教育，从而取得事半功倍的效果。

要发挥情感教育的作用，尤其要做好与"学困生"的交流和沟通。但要做好"学困生"工作，首要的一点是，必须尊重他们。在教育工作中，一切都以教师的人格为依据；因为教育力量只能从人格的活的源泉中产生出来。任何规章制度，都不可代替教师的人格作用。当然，做好"学困生"的转化工作，也会促进尖子生的向前发展。教师必须以人格感化学生，以情感打动学生的心灵，用现实生活中的道理说服他们，用渊博的知识让他心服口服，用健康的知识教育他们。

（四） 有利于求真务实等科学态度和习惯的养成

在化学教学中，教师运用情感教育可以帮助学生，让他们在获得知识、探索规律、解决问题的过程中，领略自然界的奇妙与和谐，体验探索自然规律的艰辛与喜悦，激发他们的学习热情和培养他们的科学态度，最终使他们养成敢于质疑，勇于创新和坚持真理、实事求是的科学精神，使他们具有关心科技的使命感和社会责任心。

二、 实施情感教育的方法

教学活动是教师和学生共同参与的双边活动，也是一种特定环境下的人际交往活动。没有一个行为模式（即使是理智的），不含有情感因素作为动机。在教学过程中，学生作为学习的主体，其情感直接影响着学习的效果与质量。教师应该充分挖掘刺激学生心理的情感源泉，运用适当的途径和方法，激发学生健康、积极的情绪体验，以优良的情感促使学生自觉接受教育。因此，在教学过程中，师生不但要有认知方面的信息传递，更要有情感交流。在化学教学中强调情感教育，应该根据学生的生理、心理及认识过程、认识特征，遵循优良情感发展的一般规律。就化学学科特点而言，为了做到以上方面，我们应从以下几点着手。

（一）深入学生，走进学生心灵，创设情感

教学是师生的双向活动。在教学过程中，师生之间的情感交流比信息交流更快更强烈。所以，教师的心理状态、教师的情感因素对课堂情绪有直接的影响，起决定性的作用。因此作为教师应该深入学生群体，全面了解学生心态。由于情感具有固有的迁移、扩散和感染的特性，在既定的时间和范围内，它可感染到一些人与之相关的事物上。根据情感的特性，在实施情感教学时，教师首先应该以自身的道德感、理智感和美感去感悟学生。在施教时一定要做到有的放矢，这就需要教师深入学生群体中，了解学生非智力品质、习惯用的学习方法、接受和运用知识的灵敏度、学生的困难、兴趣爱好、性格特征、道德水平、心理素质等各种因素。教师只有把握住学生，才能进一步提高课堂效率。一堂课教学效率的高低，直接受课堂情绪的影响。

课堂情绪是在课堂教学情境的作用下，在学生心理需要的基础上产生的情绪情感，它反映出课堂教学情境跟学生心理间的关系。课堂情绪表现有多种，比如积极、沉闷、消极等。各种类型的课堂情绪直接制约着教学效果。因此在化学教学中，教师可根据学生现实情况来创设相应的情境，进而激发学生的学习兴趣，使学生在积极向上的氛围中接受知识，同时学生们会有一种愉快的心情，激发出强烈的求知欲望。为此，作为科任教师，应当时常参加学生的班会、生活会、家长会等活动。

（二）适时鼓励，让学生多体验成功，激发情感

在化学教学中，教师应该加强鼓励性教育。在教学过程中，适时地对学生进行鼓励性的评价，是激发学生情感的关键性措施。鼓励性评价是指教师对学生的学习行为运用简单、适当的鼓励性语音来达到师生情感交流的活动。学生在学习过程中，不可避免地会出现成功和失败。在学生获得成功时，教师要及时进行鼓励性评价，使学生及时体验到成功的喜悦，认识到自己的能力和价值，并将价值进一步观念化，进而转化为获得进一步成功的动力。相反在学生遭到失败时，教师要帮助学生在失败中挖掘积极因素并且寻求失败的不利因素，更要及时进行鼓励性评价，使学生体验到温暖，认识到自己的能力、不足和教训，进一步激励学生的情感，促进学生获得更大的成功。尤其是教师对待学困生的态度直接制约着学生的情感培养。

作为教师，应该在全面了解学生的过程中，分析、思考学困生学习差的原因，对他们进行适当的鼓励教育，帮助尽快走出失败的阴影。学困生的学习现状以及产生过程和原因并不完全相同，多种因素集中到一点，即他们都是在学习过程中经历了数次失败后，随着失败的积累、同学的评价和科任教师的评定，逐步形成了失败者的心态，丧失了学习的兴趣，表现为学习消极、缺乏信心。有的学生虽经补课，不但没能达到预期的效果，反而加剧了其失败心态，致使教师束手无策。在情感教学中，实施尊重学生，信任学生的原则，适时加强鼓励是沟通师生情感的桥梁，激发学生情感的基础。

尤其针对学生苦学厌学现象，教师更要发挥鼓励的动力功能，激发学生的情感培养，增加教学内容和方法的趣味性，提高教学艺术，引导学生体验积极的情感，使苦学、厌学的现状转化为"乐学""好学"。

在化学教学中，对许多难点知识的分化，教师必须运用恰当方法，做到深入浅出，让学生易学、易懂、易记，让学生品味成功学习的欢乐，回味鼓励教育的乐趣。作为一名化学教师，不但要有渊博的知识，还要有一颗热爱学生的心，关心他们，爱护他们，鼓励他们，使他们树立学习的信心，战胜困难。这就要求教师要真诚地成为学生的良师益友，使学生对你产生信赖感，让学生从心理上接纳你、从在行动上接近你、从思想上乐于接受你的教诲。尤其是对待学困生更要给予温暖，给予理解，给予尊重，并给予帮助。

（三）营造师生平等和谐的情感氛围，创设有活力的课堂

"亲其师，信其道。"只有和学生建立平等融洽的师生关系，才能培养学生热爱学习的情感，从而激发学生积极主动地探索知识。这就需要教师尊重学生，而不是把学生当成接受知识的"容器"，必须改变"训斥""强制"等做法，让新型、和谐的师生关系成为滋养学生健康成长的一块绿洲。当一些学生在学习中出现问题时，教师不要一味责备，而要耐心地帮助他们分析原因，找出解决问题的办法，清除盲目的"唯我独尊"心理，主动积极地营造融洽的师生关系。对学生在各种化学活动中所表现出来的热情和良好的思维，及时给予鼓励和表扬，努力建立民主平等的师生关系。

学生作为主体参与课堂教学，其目的在于形成一个平等、和谐、热烈的教学氛围，变传统的被动接受式学习为积极主动的参与式、探究式学习。一堂课的成败首先取决于学生听讲的情绪。化学学科以观察实验为基础，精心设计的观察实验活动是课堂上创设学习化学情境的最有效手段，以激发学生的求知欲及爱国热情，让学生在接受认知信息的同时接收相应的情感因素的传递，彼此产生良好的情感体验，从而达到以情促知、加上一些简短而有鼓励性的语言来进行简明评价，如"好""很好""不好""有进步""计算能力有提高"等；又如做错的地方不打叉，单位错了画个圈、答错了打个问号等；对于作业做得比较好的学生，教师要在课堂上提出表扬。在晚自习辅导时，主动找临界学生面对面批改作业，贴心交流知识、方法、感受。人人都喜欢表现，人人都希望别人发现自己的长处。积极挖掘学生作业方面的闪光点，激励其上进心和自信心，增强学生学习的动力，也拉近了教师和学生的距离，从而提高了学生学习的积极性。

情感教育是素质教育的重要组成部分。在化学学科的教学中进行情感教育是使学生学好化学的需要，也是全面育人的需要。教师对学生多投入一些情感教育，学生对教师的课程就更热爱一些。教学法一旦触及学生的情绪和意志领域，及学生的精神需要，就能发挥高度有效的作用。创设化学课堂中良好的情感氛围，能极大地优化课堂教学

效率。总而言之，身为化学教师，需要把握好教育教学的每一个环节，不放过任何一个教育时机，主动沟通师生感情，运用情感教育敞开学生的心扉，以情感人，以情促人，激发他们强烈的求知欲和进取心，让他们的个性品质得到全面发展。

（四）梯度教育，探索情感

人有一种自我实现、获取承认、取得成功的愿望和需要，成功和失败在学生的心理上会引起不同的情绪。所以在化学教学中，教师要结合教材和学生的实际，注意设置教学内容的层次和梯度，根据班级学生实体的具体情况来寻求适应他们发展的教学方法，创造更多的条件让每个学生都取得学习上的成功，获得心理上的满足。教师在组织教学测验或考试时，要精心设计试题，不要让学生考得灰溜溜的，觉得自己怎样努力也学不好，要让学生从考试结果中知道他们已学到了知识，有所收获和提高。这样学生就能产生积极的学习情绪，诱发出对化学学习的内部情感动力。

教师通过"引导式教学"教会学生学习方法，抓住学习中的重点、难点；启发学生，准确理解化学基本概念、基本规律，培养学生学科能力；探索学生的学习情感。在化学教学中，教师应采用多种教学方式进行教学，激发学生学习的积极性，让他们有更多的成功机会，从而增强学习化学的信心。只传授化学知识和技术的化学教育是片面的，全面的化学教育要求既传授化学知识和技能，又训练科学方法与思维，还培养科学精神和品德。

如果学生将学习活动、求知欲望作为自己的优势需要，他们就会产生热爱学习、追求真理的情感。一个有严重厌学情绪的学生，就会将学习看作一种沉重的负担或累赘。在学习活动中，学生必须明确学习目的，培养合理正当的需要，以利于形成自己的高尚情操；同时，又必须使自己较为低级的情绪变成较为高级的情操，从而使自己的需要受到这种高尚情操的支配和调节。在化学教学中，教师可联系生产、生活及科学实验的实际，提出一些学生熟悉的，却又难以解释或解决的问题，来激发学生的探索热情。学生一旦对自己困惑不解的问题有了深刻的认识，就会获得极大的心理满足，进而产生对科学的热爱和对真理的追求之情感。

三、情感教学有利于教育教学水平的提高

刚进入初三或高一阶段的学生，他们对化学课的学习还是很感兴趣的，能意识到化学知识在科技、生活中的重要意义，想学好这门学科，且能积极主动地投入到学习中去。但随着学习的深入，一部分学生对化学课的学习逐渐从主动变为被动，甚至还有不少学生丧失了学习化学的兴趣。并不全是学生的智力因素，主要是教师在教学中只重视向学生传授知识而忽视了学生学习中积极的情感因素的培养，从而导致了学生没有建立起积极的学科情感，失去了对化学学习的信心和兴趣。在大力提倡素质教育

的今天，教师只向学生传授课本上的知识是远远不够的，这就要求教师不断地进行学习，不断地提高自身的教育教学水平。

在高中化学教学过程中，化学教师对自己的工作是积极的还是厌倦的，这体现了化学教师对教学工作的情感。因教师在教学中起主导作用，教师的情感对学生具有强烈的感染作用。当人们通过面部表情以及声音的变化等把情感传达给接收对象时，主体的情感便对客体产生感染作用，使客体产生与主体相类似的感觉。而化学课堂教学中为数不少的老师或因缺乏足够的专业思想和教学热情，或因片面认为化学教师讲授的是科学知识，只要用符合逻辑和科学的语言去说明事理就可以了，在课堂教学中表情麻木冷漠，讲授平淡无奇，造成课堂气氛压抑、沉闷。这样学生就容易不专心听讲，不愿意回答老师的问题，对老师布置的任务马虎敷衍，久而久之则形成对化学学科的消极情感。但如果教师能用真情去感化学生，而不是一味地责骂，甚至体罚学生，工作就成功了一半。学生愿接受他的"开发"，喜欢他的学科，甚至把他作为偶像藏于心灵深处。教师只要用真诚和爱心在师生之间架起互相信任、互相尊重的桥梁，哪怕对"最坏"的学生也给予尊重、给予关爱，报以微笑，学生就会视教师为亲朋好友，从而推心置腹地对教师说心里话，与教师交流思想感情。教师就会不断地提高自身的教育教学水平，因为学生愿意听他的课、渴望听他的课；由于教师不断地提高自身的教育教学水平、对学生进行情感教育的同时，自己也会不知不觉地爱上化学这门学科。

四、情感教育的多元化

这一点也是在以往的教学模式中极不被重视的。教师要培养学生善于控制和调节自己情感的能力，发挥他们的自觉性，使其能够明辨是非，正确对待学习中遇到的各种问题，情感发生转移。教师要将学好化学的要求转化为学生自己的需要，促使化学的学习活动积极地开展起来。当然教师也要热爱本职工作，提高自身修养。言为心声，情动于心而形于色，如果没有对本职工作的热爱，哪会有讲课时津津乐道的热情和笑容可掬的神情呢？又哪会获得学生的尊敬与爱戴呢？教师应敬业为先，满腔热情地投入到化学教学工作中，不断完善自我，以饱满的、积极向上的热情带领学生去探索化学世界的奥秘，这样就会对学生学习情感产生积极的影响。

如果教师本身就燃烧着对知识的渴望，学生就会迷恋于知识的获取，没有爱就没有教育。教师与学生之间没有感情，也就谈不上传播知识。教师不应以粗暴的态度去打击学生，挖苦学生，而应对学生真诚相待。好学生有缺点照样批评，不能迁就，防止出现骄傲自满情绪。对于学困生，更应"动之以情，晓之以理"，不能一味地讽刺，滥加斥责，宜采取微笑教育，使之感到亲切、自然，打消自卑感，鼓起学习的勇气和信心。教师要使成绩好的学生更优秀，成绩不好的学生摘掉"学困生"的帽子。让学生感到你发现了他，并且信任他，这样就会触及他的心灵。使学生沐浴在爱的春风里，身体和心灵都得到和谐健康的发展；使学生的素质更加完善，为学生将来的学习和生活打下一定的基础。

在化学教学过程中，教师要充分发挥化学教学中的情感因素，让学生真正体验到在化学课堂上探究自然规律是一种最快乐的精神享受。教师要有机地运用情感的作用，有意识地进行情感交流；不断地提高自身的涵养，营造良好的教学情感氛围；增加情感投入，让学生在学习知识、获取信息的过程中产生积极的情感体验；让学生在被尊重理解、信任和关爱以及平等民主的环境中学习。随着新课程的实施，情感教育已成为学科教学的终结目标。所以，教师要充分认识和发挥情感教育在高中化学教学中的作用，恰当运用情感教育，培养学生求真务实的科学态度和乐于上进的学科情感，让学生的身心得到和谐健康的发展。运用情感教育，挖掘情感教育对师生的影响，并让它朝着积极的方向发展，是摆在每一位教师面前实实在在的问题。

第三节　科技人文素质与教学的结合

一、在高中化学教学中要渗透人文精神的原因

"人文为科学导向，科学为人文奠基。科学与人文的主要关系即如此。"科学文化中含有人文文化，人文文化中含有科学文化。科学教育与人文教育的脱离带来的弊端是：科学将不是造福人类而是带来危害；科学发展将不是有利于人与自然、人与人，人与社会的和谐发展，而是造成新的矛盾和冲突；脱离人文精神的科学教育不利于高素质人才的培养，会出现有知识而无文化现象。

化学作为一门自然学科，教材中存在着丰富的人文素材。化学具有双重功能，既是科学，也是文化。化学不仅有传播自然科学知识的功能，而且有社会教育和思想文化功能。化学中有一套最全面最有效的科学方法，把方法运用到自然科学的许多领域，乃至社会科学，都是卓有成效的。在教育中，对于学生的科学素质培养，化学课有着无可替代的作用。所以，在化学教学中渗透人文教育是很有必要的。

二、在高中化学教学中渗透人文精神的方法

《化学课程标准》规定了课程的化学学科素养，把情感、态度与价值观这一人文素养内涵和过程与方法、知识与技能并列，作为新课程中最重要、最核心的目标之一，体现了人文素养的重要性。化学教育的核心目标是培养学生的科学精神，而这一目标的达成必须实现"科学理性"和"人文精神"的和谐统一。

（一）转变教育观念，树立以人为本的教育理念

化学学既是一门科学，也是一种文化，是人类智慧的结晶，其人文价值已经渗透到人类社会的每一个角落。所以，化学教学不仅是知识的传授，也是文化的熏陶和素质的培养，还是科学教育与人文教育的相互交融。化学教学作为素质教育的有机组成，应当树立"以育人为本""以学生全面发展为本"的教育理念，把传授科学知识与传递人文价值以及伦理道德有机地结合起来，实现科学教育与人文教育的整合，培养既有健全人格又有知识技能，既有明确的生活目标、高雅的审美情趣，又能发明创造、懂得生活的全面发展的人。受应试教育的影响，化学教学特别重视知识与技能的传授以及智力与能力的发展，而对个性、道德、责任感等人文精神却关注甚少，缺乏人文知识、人文精神的渗透与转化，是不完美的化学教育。基础教育课程改革给化学教师带来了新的课题，在传授知识、培养能力的同时，挖掘化学自身与教育过程中的人文价值，寻求化学科学与人文教育的结合点，将化学的知识与方法、科学观与自然观、科学精神与人文精神融合在一起，提升了学生的科学人文素养，使学生得到有机的、和谐的发展。

（二）挖掘化学中的人文因素，体现化学的人文价值

化学中包含着丰富的爱国主义教育内容，对人生观的确立与事业的成败有着重大影响。例如，居里夫人为了纪念祖国，把自己发现的放射性元素命名为"钋"。我国很多化学家在祖国最困难的时候，毅然舍弃国外优厚待遇，坚定不移地投身于祖国的怀抱。学习中，将这些内容与化学知识相融合，以其精神激起学生心灵的震撼，升华人生的价值，端正人生的态度，树立正确的人生观。

化学中有着丰富的美学因素，比如对称美、简洁美、和谐美、多样统一美等，理解真、善、美，追求真、善、美是化学教学中人文价值的典型体现之一。要充分挖掘这些美的因素，引起学生的共鸣，在学习科学知识的同时提升人文素养，发展鉴赏美和创造美的品质。化学是以实验为基础的科学，而化学实验是培养学生实事求是的科学态度与遵纪守法的优良品德等人文素养的有效途径。实验要求学生客观求实、理性求真、严肃认真、一丝不苟、按科学规律办事、敢于修正错误，还要严格遵守实验规则和纪律要求以及爱护公共财物等，因此化学实验教学具有科学态度教育和品德教育的功能。

随着化学学科对自然现象的解密，人们的精神世界也开始挣脱传统的禁锢，逐步意识到变幻无穷的大自然是可知的，人类可以在某种程度上改造世界，但人类的活动必须符合客观规律，并保持同客观世界的平衡与和谐发展，这些都是人文精神教育的素材。

（三）优化教学过程，发挥化学教学的人文教育功能

在教学过程中，教师要以高尚的人品、渊博的知识展现化学教学的人文价值，以为人师表的修养、行为、作风、胸襟、气质以及创造力来耳濡目染，潜移默化地影响与感化学生。建立民主、平等的教学关系，尊重学生的主体意识，尊重学生的人格，以深厚的感情去引发学生积极的情感反应，促进师生的情感交融；要关注学生的个性差异，创设愉快的教学环境，引导学生进行科学探究，让学生在参与、体验、建构知识的过程中感知人文精神，形成健全的人格；以融洽、宽松、合作的和谐氛围，使学生参与交流、提问辨析、发现新知识、学会创造，发挥其潜能；以良好的情绪实现知识、情感和心理的最佳发展；尊重学生的意见，宽容学生的误解，鼓励学生的创造和见解，客观评价学生的优点、缺陷，引导学生自我完善，使学生在热爱、尊重、期待中激起强烈的求知欲望，为学生全面发展创造良好的契机。基础教育课程改革倡导学生进行研究性学习，学生以科学的态度和对科学探索的浓厚兴趣经历探索发现的全过程，去质疑、思考、探讨，得出初步结论之后，还要通过交流与合作、分析与讨论，进行评价与辨析，培养学生实事求是、追求真理、热爱科学的精神和求真务实、交流合作的态度以及探索创新的意志与品质，提升学生的人文修养，使学生不仅学到知识，并且学会学习，学会做人，学会生存，塑造学生完整健全的人格。

（四）自我充电，提升教师自身的人文素养

学生的知识大都来源于教师，教师的人文素养也在无形之中潜移默化地影响着学生。因此，要实现化学教学中的人文价值，教师必须具有丰富的人文素养，研究学习化学史、化学方法论、创造学、美学、哲学以至天文、地理等学科，以广闻博识、良好师德来因材施教，为了学生对科学与人文知识的需求做好充分准备。总之，在化学教学中渗透人文精神，使学生理解人与自然、社会的关系，产生热爱社会、热爱自然的情感，形成对真、善、美的辨别力和追求，激发内在潜能，心智得到和谐发展。因此，在化学教学中，教师要关注化学的科学价值和人文价值，渗透、融合人文精神，将科学教育与人文教育进行有机完美的结合，同时发挥其科学教育与人文教育的功能，造就全面发展的具有健全人格的人。

三、在化学教学中实施人文素质教育

（一）结合教材，在教学中以人为本

"授人以渔"（人文精神的根本体现）以人为本，将学生作为人来培养，就要求将科学教育与人文教育的交融和结合贯穿于所有课程教学中。把学生头脑作为容器，一味"灌输知识"，而不是去点燃学生头脑中的火种，启发思考，调动学生的主观能

动性。知识原本应在教育中起到开启心智、陶冶情操的作用，如仅基于实用、求职甚至功利的目的来获取知识，那么就会失去知识的内涵和魅力，造成学生对所学课程毫无兴趣。以知识为载体，通过对重大发现（或发明）过程的介绍，向学生传播著名科学家的科学思想、科学方法和科学精神，提高学生的科学素质，分析思考和独立工作能力，培养学生终身学习的能力，使学生成为能适应新世纪迅速变化和剧烈竞争的创新人才。

教会学生科学地分析问题和解决问题的方法，增强其适应能力，比传授知识更重要，这也是教学的最终目的和归宿。发展独立思考和独立判断的能力，应当始终被放在教育教学的首位，而不应当把获得专业知识放在首位。因此在教学中将科学教育与人文教育的交融和结合贯穿于课程教学中，不但可使学生学会正确的思维方法，克服思想方法上的片面性，抓住事物的本质，而且可使学生学会用联系的、变化的、全面的观点分析问题，解决问题。

（二）在教材和课堂教学中体现化学思想与人文精神的融合

有兴趣、有好奇心才能激起学生学习和探索的热情。在生活中，工作最重要的动机是工作的社会价值的认同和工作中的乐趣。在化学教学中，教师要靠化学学科本身的魅力来感动学生。化学是非常吸引人的，可是很多学生感觉化学学科非常枯燥，主要是没有真正体会到化学的魅力，或者是他无法领会其中的乐趣，只能是背公式，导致越学越恼。要让学生有兴趣，需要让学生真正理解化学的精髓，就要靠老师用自己的科学激情去点燃学生的热情。讲化学学科发展的艰难、曲折的过程，讲科学家真实感人的事例；讲化学与哲学的关系。重视理论联系实际，尤其联系高科技中的应用、联系与社会有关问题。通过惯性学习，使学生在化学教学中获得相应的收获。

在化学教学中，教师要善用语言来活跃课堂气氛。教师的嘴就是一个源泉，从那里可以流淌出知识的溪流，好的语言表达可以使课堂气氛活跃，更好地激发学生美的意识。其是教学艺术的体现，同时也是教师教学风格的一种彰显。

四、高中化学教学渗透人文素养的途径和方法

对于高中化学教学中需要进行人文素养的培养，很多高中化学教师已经在观念上接受并认可。多数教师在实现自己教学意图的情况下，一般都能认识到强化人文素养的培养对学生个性发展以及全面发展的重要意义，并普遍认为在高中化学教学中要渗透人文素养的培养，这是培养学生人文精神的根本内涵。在高中化学教学过程中强化人文素养的培养，应该做到如下几点。

第一，准确解读高中化学新课程标准，促进教育理念的更新。高中化学教学应始终把握一个教育理念"以人为本"。在化学学科教学当中渗透人文素养能否落到实处，

教师是关键，作为教师首先应转变教育观念。21世纪是科学教育与人文教育并重的时代，在教学过程中进行人文精神的培养是在人文主义思想的基础上提出来的，它的根本内涵就在于"人"，就是以人为本。化学教学中要把培养学生人文素养与化学学科特点、教学内容、教学方式结合起来，关注学生的需求，重视学生的全面发展、和谐发展以及个性发展。化学不仅是科学，也是文化。化学教学不仅是传授知识，更是传承一种文化，传播化学发展史中真、善、美的东西。化学新课程标准将知识与技能、过程与方法、情感态度和价值观一起作为课程的化学学科素养。化学学科素养观是"科学性与人文性的统一"的化学课程性质的体现。这三个维度不是相互孤立的，而是一个密切联系的有机整体，应该统一在教学过程中同时实现。知识与技能既是教学的本体，又是实现其他教育目标的载体。教师应该在教学过程中循序渐进，注意培养学生的学习热情、探究欲望和创新精神，而不能仅仅停留于让学生掌握化学知识和化学规律上。教师在教学过程中要让学生感受到化学的魅力，感受到教师对他们的关心，从而将化学学科素养有效地落实到教学过程中，转化成学生对知识的掌握、能力的提升、人文素养的养成。

第二，在高中化学教学中强化人文素养的培养要从教学内容与教学对象入手，对教学内容进行情感处理。对教学内容进行情感处理是指教师从情感角度出发，对教学内容进行挖掘、加工、设计，在向学生呈现教学内容的过程中充分发挥其在情感教育中的渗透作用。同时，高中化学教学要面向生活和社会实际，加强课程内容与学生生活经验的有机结合，从生活走向化学，从化学走向社会。这是提高教学质量的需要，也是促进学生全面发展的需要。在具体的教学中，教师不能仅仅停留在教给学生知识应用的层次上，更应让学生了解化学知识、规律形成的过程，同时可根据具体教学条件和对象由始至终挖掘，创造适合自己教学需要的、有个性的、与学生生活息息相关的人文校本课程。开发校本课程不是学科必修课的延伸，而是满足学生个性发展的需要，提高学生人文素养的需要。不是为应试教育服务，而是为促进学生和谐发展服务。能引导学生关心生活中与化学有关的现象，关注社会与科技发展中的热点问题，对于提高学生的素质、提高学生现在和将来的生存能力和生活质量是很有益处的。

第三，化学史应该与化学教学相结合，培养学生的人文素养。一旦让学生理解科学的起源和发展，科学就会显示出它的人文性，而且极富人文内涵。化学史是极富人文内涵的，应该与化学教学相结合。传统的化学史教育把科学史作为一种知识附加在科学学教学内容上，教师以讲故事的方式进行教学，这种化学史教学模式非常低效。新的科学课程标准虽然把科学史作为科学学习的重要内容，但在理论层面上，许多教师对化学史教育的价值仍不明确，在实践层面上也没有找到将化学史融入化学课堂的有效方法。

在化学教学过程中，教师应以教材中的化学知识和知识发展过程中所蕴含的科学思维方法为基础，有机地渗透有关历史、社会和哲学等方面的内容，依据学习目标和学生发展水平，使科学学习的过程变为科学探究的过程。在此过程中，学生不仅可学到化学概念、规律、公式、定理等，还可体验和学习科学思维方法，从而认识到化学知识的发展也受到社会因素和个人因素的影响。科学知识不仅是靠积累得来的，也是化学发展不断渐变和革命的结果，促使学生建立起"开放的"知识观和较为完整的化学知识体系。

第四，课堂教学是培养学生人文素养的主渠道，但化学竞赛、课外实验、参观访问等也是强化学生人文素养的很好途径。教师应当精心组织这些活动，鼓励学生积极参与，实现知识教育和人文教育双丰收。同时，培养高中生的人文素养仅仅在学校依靠教师的努力是远远不够的，还需要社会、家庭包括学生本人的共同配合，只有多方面通力合作，并多渠道地实施才可把学生培养成全面发展的合格人才。高中阶段的学生有着独特的生理和心理特点，他们的世界观、人生观、价值观处于不断形成、发展和完善的过程中，化学教师如果能准确把握这一点，结合化学学科本身"科学"与"人文"的双重特性开展教学活动，定可实现"传道""授业""解惑"的教学追求。这也是新课程标准的核心：以人为本，促进学生全面发展。

第四节　培养学生的竞争意识

一、合作学习在教学中的重要性

高中化学教学主要是为了培养学生的基础知识素养，为今后的知识创新和应用打下良好基础。而传统的理论灌输式教学往往使学生被动接受知识而无法使其真正产生兴趣。因此，教师在教学中不仅要传授基础理论，还要不断培养学生思维能力的探索性和活跃性，将基础知识与不断发展的现代科学技术相结合，使其对飞速发展的世界有一个客观认识，建立起有效学习的目标。

在新课程改革的大背景下，小组合作教学成为教师提高教学质量，开拓学生自主性学习的有效教学模式之一。小组合作教学是以小组合作学习为课堂教学常规组织形式的教学形式，这种教学模式避免了传统的以"教师"为中心的知识灌输式教学的弊端，可以充分调动学生学习的主动性。高中化学教学中合作学习的有效性，关键在于教师合作学习的内容选择和学生的合作态度，师生要以"有效学习"为共同目标，这样才能达到小组合作学习的真正目的。所以，在实施小组合作教学中，教师要把握好以下几个原则。

（一）优化小组人员配置

小组合作学习重在学生积极参与，开拓思维，相互讨论，从而得出结论或是碰撞出新的火花。教师在组织小组合作学习时要注重小组人员配置，组内应按照异质的原则，以高、中、低三个层次合理搭配，而组间则应按照同质的原则，基本保持各小组水平程度一致。这样各学习小组在具体实施中才能形成有效的讨论模式，不断提高学生的积极性。此外，在小组的分配上还应进行人员轮转，因为小组一旦形成固有的成员集体，必然就会产生强势成员和弱势成员之分。这样在讨论时，一般弱势方就会被动接受强势方的意见，使讨论的效果大打折扣。

（二）树立师生互动、生生互动观

有的教师在实施小组合作教学中，往往将自己置身事外，在讲台上观看各组讨论。这种做法并不明智，因为有许多程度较差的学生或是性格比较内敛的学生在小组学习中往往是被动学习，一味听别人的意见，而不动脑思考。因此，在学生小组合作学习时，教师要融入到学生群体讨论中，鼓励不善于或不爱发言的学生提出自己的想法。作为小组合作学习的组织者，教师要和学生平等参与和互动，强调自己作为小组中的普通一员与其他成员共同活动，以充分调动学生的参与积极性。

（三）加入小组竞争机制，营造激励环境

合作小组学习需要一个良好的学习氛围，教师应努力为学生创设一个民主、和谐、宽松、自由的环境，但自由并不是"假热闹"，而应该是建立在相互讨论、相互竞争的基础上。在小组合作教学中适当加入竞争机制，营造一个激励环境，有利于调动学生学习的积极性，从而达到事半功倍的效果。

（四）建立公平合理的评价机制

公正合理的评估是检验小组合作学习效果的关键，对学生参与活动的积极性和提高合作质量有着重要影响。因此，教师的评价要全面、公正，又要具有针对性和指导性。评价结果要结合个人与小组集体的具体操作水平，包括小组整体氛围的评价、小组合作方法及合作态度的评价、合作结果的评价等。教师对表现突出的小组和个人应给予褒奖，对表现较弱的小组则应适当惩罚。

此外，高中化学教学又不同于一般学科，具有它自身的特点，主要表现在：理论要结合实际操作；教学要着重开发学生的探究思维和创造性思维。所以，在实施小组教学中也要根据学科特有属性适当安排。

首先，高中化学教学中要抓准小组合作学习的时机。高中化学教学一般分为基础理论课和实验课。相对来说，实验课较多地适用于小组合作教学，因为实验要进行操作、

测量、记录、计算等多个步骤，一个学生做起来可能会手忙脚乱，若进行分组，相互分工，互相讨论，完成的效果往往会好一些。当然，在基础理论课上也可以进行适当的分组合作，但必须选取适当的合作学习内容，太过容易或者太过复杂都会给学生合作讨论带来难度，从而影响学习效果。此外，为了更好地实施小组合作教学，教师在课前还应当进行分组学习，给学生布置课堂合作学习的有关思考内容，这样在课堂上小组学习的深度和广度都会有所提升。

其次，高中化学教学中的小组合作学习应注重培养学生发现问题和解决问题的能力，教师要鼓励学生从不同的角度找出答案。比如给出一种定律、概念的表达方式，让学生根据所学知识举一反三，推出另外的表达方式。在学生推演中，教师要鼓励他们使用不同的方法去论证。在遇到难题时，教师还应当鼓励学生大胆地猜想、假设。化学中许多问题的解决都是从假设开始，然后经过重重论证，得到正确的结论。

最后，高中化学教学中的小组合作学习更要求小组成员之间具有高度的信赖感和责任感。高中化学课尤其是化学实验课中的小组合作学习，许多是小组成员各有分工，共同来完成一项任务，一个环节出错可能会影响整个小组学习的成效。这就要求小组成员具有高度的责任感及良好的沟通模式。小组成员之间应该是一种平等协作的关系，小组长应具有全局意识，协调该组成员完成每一步任务。而小组中的每个成员都应具有高度的责任心，要认真对待并完成自己的任务。

二、课堂合作学习问题的探讨

（一）化学课堂教学中合作学习存在的问题及成因分析

1. 合作学习流于形式

在《电解质》课上，采用合作学习模式把书本上的演示实验改为学生分组实验，让学生亲自动手，小组合作，共同探究。结果实验室里热闹非凡，但真正动手研究的学生不多，大多数学生看着实验器材不知所措，小组中的其他成员不是互相嬉闹，就是看"表演"，小组汇报时也只是几个学习成绩比较好的学生回答老师的提问。当然，教师的设想是好的。但因为许多教师对合作学习不太了解，又很少有借鉴之处，于是我们就经常看到这样一些现象：课堂上又是小组合作讨论，又是表演，又是动手操作，又是研究成果展示，课堂气氛很活跃。仔细观察和思量便会发现，所谓学生的合作学习只流于形式上的热热闹闹，并不能使小组中每个成员都积极参与到有着共同目标、明确分工的学习活动中。

21世纪，学会合作是一个重要的教育命题。与此一致，课程改革中提出的培养学生"交流与合作能力"就体现了该实质。因此，倡导合作学习是符合新教育理念的，但并不是简单地延续从前我们进行过的小组学习，也不应该为合作而合作，而应该考查小组的每个成员是否都积极参与到有着共同目标、明确分工的学习活动中；思想是否得以交流和碰撞；是否互相支持、互相配合；小组成员是否真正达到知识技能上的优势互补；社会责任感、团队精神、合作意识等品质是否显现并得以培养等。

2. 目标不明确，分工不落实导致合作学习费时、费力，难见成效

合作学习是有着明确目标和分工的学习活动。但是在合作学习实践中，不少教师往往很注重自己的课时任务的完成，而较少关心或指导合作学习小组具体目标的实施，对小组成员的任务分工则更少过问。首先，在于教师对合作学习目标认识不足。每个小组合作学习的目标只是总教学目标的简单分解，而对小组如何去实现这个目标无须指导，小组中成员的任务分工由组长全权负责，无须操心的话，对于习惯了合作学习的学生来讲不会有太大问题，但对那些很少进行合作学习的学生来讲难度可想而知。因此，对小组合作目标进行必要的指导，关心学习小组中成员的任务分工，显得很有意义。其次，受传统评价观的影响，教师往往把自己置身于合作学习之外，缺乏与学生共同进行科学探索的体验，只对合作学习的结果做评价。这样，教师就很难认识到目标定位、任务分工上存在的问题。所以，只有教师真正参与合作学习，才能对小组合作学习进行有效指导。

（二）促成化学课堂教学中有效合作学习的建议

1. 合作学习的内容选取和目标确定要合适

课堂教学中各学科教学目标设计和内容均不相同，即便是同一学科，不同章节教学目标的设计和内容形式的组织也是不同的。合作学习的目的在于使每一个学生尽可能地参与到学习活动中来。因此合作学习选取的内容要具有一定的趣味性、合作性，具有一定的深度、可评估性等特点。教师选取合适的内容可以使每一个学生都投入到学习活动中，解决具体问题，实现有效的发展。

2. 合作学习要以讨论和解决有价值的问题为核心任务

从本质上讲，问题是学习的动因，贯穿于学习的始终。同时学习过程也是发现问题、提出问题、分析问题、解决问题的过程，学生通过学习生成问题。这里，学生自己提出问题的学习不仅仅是主动的学科知识的学习，更是在培养学生的问题意识。所以，讨论和解决有价值的问题是合作学习的核心任务。这类问题可以由教师提出，但学生自己提出的问题会更切合探究的需求。教师要善于发现学生提出的有价值的问题，通过合作学习讨论解决这些问题，这才是有效的合作学习。

3. 以"尊重每个学生，让每个学生都有进步"作为评价合作学习最终的目标和尺度

合作学习的评价观与传统教学也有很大不同。传统的教学评价强调的是个体在整体中的位置，热衷于分数排队。这种竞争性的评价是有局限性的，不利于大多数学生

的发展。以"尊重每个学生，让每个学生都有进步"作为评价合作学习的最终目标和尺度，有助于把个人之间的竞争变为小组之间的竞争，把小组总体成绩作为奖励或认可的依据，形成"组内成员合作，组间成员竞争"的新格局，使得整个评价的重心由鼓励个人竞争达标转向大家合作达标。合作学习将合作、竞争与个人行为融为一体，并进行优化组合加以利用，符合教学规律和时代的需求。

三、合作学习的能力培养策略

新课标倡导"自主、合作、探究"的学习方式。合作学习是指学习者为了完成某些共同任务，在明确责任的基础上，以小组形式开展互助性和促进性学习。其外显形式经常是以小组为单位进行活动。

学生普遍认为化学是一门比较难学的学科，这跟教学者和学习者缺乏一种针对学科特点的教学的手段和方法有关。而合作学习是一种跟化学学科的认知过程有很大联系的教学方式。合作学习的教学形式在新课标推广之前，就已经比较多地运用在我们的化学教学实践中了。我们意识到，在化学教学中开展小组学习，有助于教学目标的达成、学生能力的培养。深入地研究小组合作学习的规律，探索如何通过科学的设计，利用学生交流与互动的天性，喜欢探索和发现的年龄特征，借助小组合作的形式，提高化学的掌握应用能力和综合素质的提高，使化学教和学"活"起来、"动"起来，合作学习就是一种比较好的依赖手段。

新课标提出转变学生的学习方式，促进学生在教师指导下主动地、富有个性地学习。有的教师在此思想指导下，经常采用小组合作学习这一组织形式。但在具体应用时往往偏重于形式，而没有准确深入理解教学目标内涵，没有追问合作学习是否真的有实效。

同时，在化学教学中，小组合作学习的形式往往不是贯穿于整节课的始末，而是经常要和其他的教学组织形式相交叉，诸如教师的演示、讲授以及学生的独立学习相结合。只有根据教学内容和学生的实际情况选择恰当的时机开展小组合作学习，才能取得较好的效果。基于这一情况，教师在化学教学中应该十分重视高中生的化学合作学习能力的培养策略。

（一）积极营造合作氛围

很多学生在学习中只注重个人素质的发展，很少考虑到团体的因素。现代化学课堂教学，要为学生提供尽可能多的机会去发展自己的化学思想，去倾听别人的想法，去学会化学交流，以增强整体合作意识。在课堂教学当中，要让学生明确合作学习的重要意义，转变其思想，提高学生认识，从而努力营造合作学习的氛围，让学生感受到在合作学习中，可以学到更多的知识，获得更多的愉悦感。在确定一个合作项内容后，先分组让大家自主探索总结，小组内每个人都要根据自己的实践，对产生的条件进行总结，再在组员间交流，如有争议的话进行实验验证，最后全组总结，得出普遍规律，这样印象就更加深刻。教师也可列举化学史上合作探究的例子去激发同学的兴趣。平时，教师要根据教学内容和学生的兴趣特点，设计一些适合小组合作学习的活动，并通过激励性的评价，使同学体会到每个人都有自己的长处，每个人的强项都能在集体中发挥重要作用。在教学中用不同的方法解应用题时，先让学生独立解答，再以小组为单位探索讨论不同的解题方法，然后评出方法多、解题巧妙的小组为获胜者。于是组内竞争、组与组间的竞争意识就随之产生了。每一个小组的成员都在积极、主动地学习，都想为自己的小组添光增彩。这样就极大地激发了学生学习化学枯燥知识时的乐趣，也调动了各组学生的学习积极性。学生那种满足、自豪的眼神溢于言表。合作学习，也让学生充分认识到自己在合作学习中汲取了大家的智慧，受到大家的尊重和认可，从而对合作学习产生浓厚的兴趣。使化学走进学生的生活，培养学生应用化学知识的能力，是现代课堂的必然趋势。

因此，教师可以有计划、有目的地安排、组织一些合作参与活动，让学生在实践中进行合作，并让学生在生动、活泼、有趣的学科活动中体会到合作的作用、合作的乐趣。在实践活动中，教师要让学生体会到化学与现实生活是分不开的，有着广泛的实用性，学生会感到自己所学的知识在生活和工作中起着很大的作用。这样，学生就乐意去实践，乐意去合作，强烈的参与意识、浓厚的合作氛围就形成了。

（二）正确把握合作契机

合作的价值就在于通过合作，实现学生间的优势互补。在课堂教学中适时适当地把握时机，选择有讨论价值的内容，组织学生合作学习，既发扬了教学民主，又为学生自主学习创造了机会。在合作中，人人参与，个个发言，相互启发，取长补短，增加了课堂信息的交流量，促进了学生知识和能力的发展，所以要正确把握合作契机。合作要适时，一般可在以下环节展开。

1. 在动手操作处合作

操作活动是为学生提供思考和练习的一种主动学习方式。在手和脑之间有着千丝万缕的联系，这些联系起着两方面的作用。手使脑得到发展，使它更聪明；脑使手得到发展，使它变成创造聪明的工具。这充分说明了操作对发展思维能力的作用。化学是以观察、实验为基础的科学，而在实际操作中，由于学生认识能力等方面的差异，一些实验操作活动必须在合作中才能发挥最有效的作用。况且，如果安排每个学生独立完成大量的实验，获取每一个数据，课堂教学的时间就明显不足。这时采取小组合作学习的方法就是一个很好的选择。通过小组合作，既保证了教学任务的完成，大大提高了教学效率，又让学生真正体会到合作的意义。

2. 在产生疑惑处合作

教学的重难点，往往是学生产生疑惑的地方。在这种心理状况之下，组织学生进行合作讨论，效果更佳。这些重难点的化学知识较为抽象、深刻；有些开放性的甚至具有挑战性的问题由于学生个人认识能力的局限性，单靠某个学生独立思考会出现困难或回答不全面，这时采用小组合作学习的形式是解决问题的好办法。在小组活动中提出各人的困惑，让小组成员充分发表意见，在切磋争辩中过滤问题，去伪存真，通过有意义的协商共享，从别人的意见中受到启发，教师在适当的时候给予点拨，从而使学生对化学问题的认识更加深入和全面。

学习小组内、组与组之间共同探讨，同学演示解决问题的实验，使学生的思维异常活跃，在分析问题时，不再局限于常规的知识。对学生的每一种假设，教师都应给予口头鼓励，对优秀的有独创性的给予激励的掌声，这样能极大地鼓励学生的学习热情，给学生充分的自信心。

3. 在优化策略处合作

人们在生活中，解决问题时，常常面临如何选择合适的方法。化学上较突出的表现是一题多解，学生往往拿不定主意，甚至有走"弯路"现象。如何引导学生优化解决问题的策略，显得非常重要。比较好的做法是，先让学生独立探索，再让学生在互相合作交流中各抒己见，产生学生自认为最优化的策略，即教师对学生解决问题的策略总是不做统一的硬性规定，但做正面的定向引导，这既培养了学生优化解决问题策略的能力，又尊重了学生的学习个性与选择。这样一节课下来就扩大了师生的知识视野，在愉快的合作中，大家轻松地掌握教材的知识和与之有关的其他知识。学生对知识外延应用能力的得到提高，理论联系实际的水平也得到提高。

（三）合理安排合作对象

小组合作学习主要是出于克服传统教学存在的弊端，将社会心理学的合作原理纳入教学科学的人际交往之中，促进学生认知的发展。

1. 科学地安排合作学习小组是成功进行小组合作学习的前提

学习小组的科学组合非常重要。每个小组成员的组成一般遵循"组内异质，组间同质"的原则，即全班学生按照成绩、能力倾向、个性特征等分为若干小组，这样既可以增强小组合作成员的多样性，同时又可以增强合作学习小组间的竞争性。每组四五人，每人都有分工。如由谁组织、谁做记录、谁承担小组发言的任务、小组成员发言时其他同学干什么等。总之，小组成员必须明白自己应的角色，明白各自该为小组做什么，但角色可以适当轮换，这样让小组成员有机会承担不同的角色，为学生创造多种尝试的机会，以此来增强合作者的合作意识和责任感。同时，小组各成员应形成一个利益共同体，形成一个有战斗力的群体，确保每一次研究的质量。

2. 教师合理引导、积极调控是成功进行小组合作学习的保证

实现合作性学习对教师提出了与以往不同的要求。合作学习要求教师充当"指导者""合作者""促进者"等多种角色，旨在促进整个教学过程的发展，使学生和新知识间的矛盾得到解决。在小组合作学习过程中，教师首先要设计好总体方案，让学生有目标地进行合作学习。如在讲解"通过实验确定乙醇的结构式"时，经过讨论认为可以通过两种方法确定 H_2 的量：利用质量差量法，利用量气装置确定 H_2 的体积。甲、乙两方各阐述自己的方法和优点，然后分组实验，再通过实验数据分析结论。通过这种析因式实验，同学们真正认识到：对于气体，通常以测定其体积所形成的误差更小。通过验证性实验与析因实验，对于平时的课堂教学中培养学生思维的严密性是非常有效的。教师和学生一起参加小组的讨论，共同寻找解决问题的方法，只要学生能完成的任务，教师决不代劳。无论教师的角色如何变化，始终是"平等中的首席"，始终坚持把学习主动权交给学生，提供给学生更多的建构属于自己的思维方式和问题解决策略的机会，以及解释评价自己思维结论的权利。

（四）科学运用评价机制

小组合作学习的成功是基于小组合作成员的共同努力，须发挥每个小组成员的最大潜能，讲求整体目标达成的同时实现个人目标。进行小组合作学习评价时要把学习过程评价和学习结果评价相结合，对合作小组集体评价与对小组成员个人的评价相结合。教师评价小组合作学习过程时，主要应从小组成员分工是否合理、小组合作方式是否恰当、小组成员的参与度是否高、对小组学习结果的整理报告是否科学等方面来评价；对小组成员的评价主要从小组合作任务的执行完成情况、与别人合作学习的好与坏、思维的创新性等方面来评价。

对学生主要是课内知识的评价，把考试和素质等同的评价已不适应时代发展，很有必要对评价进行探析。进行评价时要把握以下几点。

1. 制定适宜的具体评价目标

在化学课堂中使用合作学习，现阶段合作学习的评价目标，应面向全体、全员参与，增加学生间交往，使学生学会学习化学、学会思考化学、学会化学合作学习。教师可以从以下五个具体目标对化学学习进行评价。

（1）对化学有强烈好奇心，乐于学习化学；

（2）学习态度端正；

（3）养成良好的学习习惯；

（4）思维具有创造性；

（5）具有良好的合作意识。合理的评价可以调动学生的积极性，增强他们的自信心和进取精神。目标制定的出发点要渗透出对学生的关怀。

2. 采用多种评价形式

化学学习评价中，对学生采取个人与小组相结合的评价方式能充分调动学生积极性。这种评价由教师转向学生自身，这表明评价做到了以尊重学生的发展为基本前提，学生在自评与他评过程中，使教育评价成为学生发展自我认识、自我教育、自我管理和自我评价能力的手段。同时，化学学习中采取自评与他评相结合能更好地发挥学生的互动性。这是一个人与人交流、沟通的过程，也是一个以主动求互动的过程。评价中通过评价他人反思自己的行动，修正自己的行为，达到目标要求。这两种评价均极大地促进了全体学生的参与能力。

3. 评价促进学生合作学习

客观的评价方式能通过学生参与评价促进学生合作学习，以激发学生潜在的积极性和创造力。传统的评价方式，评价主导在教师，学生是评价的对象，这种只接受评价结果，没有参与评价的意识，抑制了学生的自主意识和能力。教师构建学生自评、组间评、师评结合的评价激励机制，对学生的成长全方位地给予正确引导与鼓励，能促进学生的合作学习。

四、培养学生的竞争意识

我们的时代无处不存在着竞争。随着社会的不断进步与发展，竞争日趋激烈。人们要生存发展，要适应社会，就必须具备竞争意识，必须学会竞争。所以，培养学生的竞争意识，已成为当前学校教育的一项重要内容。教师可从以下方面着手。

（一）善于为学生创设竞争的机遇

要培养学生的竞争意识，教师就应该有目的、有计划地创设各种条件，为培养学生的竞争意识提供机遇。在教育教学工作中，通过开展各种竞赛活动，培养学生积极参与竞争、敢于挑战自我的意识。例如，经常性地在班级开展"卫生竞争月""纪律竞争周""优秀作业积分赛""考试成绩进步赛"以及演讲、唱歌、绘画、拔河、书法比赛等。开展这些活动的目的，是使学生在竞争的过程中认识竞争，学会竞争，勇敢面对竞争，并在活动中相互学习、互助发展，同时获得良好的心理锻炼机会。教师应特别重视过程的经历，使学生在公平公正的良性竞争过程中滋生竞争意识。更重要的是，培养他们无论遇到什么挫折都能有始有终地完成一件事情的品质，从而使学生懂得"有志者事竟成"的道理。要保证学生积极地、持久地参与竞争活动，除了给予及时的指导外，教师适当的鼓励与赞赏是不可或缺的手段。采用记分制或动态等级评比制，对每个学生的进步予以肯定和表扬。同时，教师要明确告诉学生，机遇对于每个人都是平等的，但它永远属于那些积极进取的人。古今中外的成功者，无一不是积极进取的实践者。同时竞争也让他们明白，优异的成绩源于坚定的自信心和用之不竭的自信力，在充满自信的基础上，重视每一点滴的进步，才会实现伟大的目标，这是竞争成功的关键所在。学生在激烈的竞争中，品尝着艰辛与成功，竞争意识将逐步增强。

（二）指导学生选择合适的竞争参照

一个班级的学生，学习水平、思想水平以及能力水平参差不齐，在竞争过程中让他们在同一起跑线上启程，并取得同样的效果是不现实的。那么，指导学生选择适合自己的竞争参照，就显得尤为重要了。这包括两方面的内容。

（1）在竞争前选择好合适的对手。所谓"合适的对手"，是指竞争对手比自己的水平高，但差距不大。与合适的竞争对手竞争，成功的概率会倍增，避免了不必要的失败与挫折，学生的自信心会在不断的进步与成功中得以加强，这给竞争平添了许多积极因素，使班级的整体竞争能健康顺利地向前推进。

（2）竞争可以选择某一方面相比较。不同的学生有不同的优势，为了让学生在竞争中尽情展现自身的优势，彰显自我风范，强化竞争意识，教师可引导学生在竞赛中与竞争对手比较某一方面的优势。例如，在开展"优秀作业积分赛"当中，那些学困生的作业错误比较多，如果让他们与成绩较好的学生比较作业的正确率，反而会遭受挫折。教师可以让学困生与学习成绩相近的学生比较进步的幅度，比较作业文面的正规性、作业态度的认真度。这种"优惠政策"给学困生设置了相对宽广的比赛空间，他们在希望的天空中展翅翱翔，同样能获得理想的竞争效果。教师应把握准衡量的标准，以激励为主，最大限度地扩大赞赏范围，加大赞赏力度，这对培养学生的竞争意识能起到积极的助推作用。

（三）培养学生不怕失败的心理品质

尽管竞争是公平、公正、公开的，但是竞争的残酷性依然存在。优胜劣汰，这是竞争必然会带来的结果。成功与失败，永远与竞争相伴随。开展竞争活动，不仅仅在于通过活动使竞争意识深入学生的心灵，也不仅仅在于培养学生的竞争能力，关键还在于使参与者得到各种心理体验与心理调整，特别是在经历了失败的阵痛之后，心理承受力的锻炼与心理平衡的再调整，对参与者至关重要。一个志在必得、永不服输的竞争者，就必须具备不怕失败、屡败屡战的顽强战斗精神。这种敢打敢拼、永不言败的心理品质的培养，较之竞争能力的培养有着更为重大、更为深远的意义。所以，教师应当重视学生心理素质的锻炼，使他们在成功与失败的交替感受中，心理更趋成熟。在每次竞赛结束后，让学生进行自我总结，总结成功的经验，找出失败的原因，形成书面材料后，由班委会共同审阅，并采用批语的形式，给予客观公正的评价，中肯地指出该生在活动中存在的不足。对那些已经尽了最大努力，结果仍以失败而告终的学生，教师在批语中要对其努力给予真诚的肯定与赞赏，鼓其斗志，并坦诚地指出造成失败的个中原因，提出建设性的意见。这样的指点，学生愿意接受。经过一个阶段的心理调整，绝大多数经历了失败的学生会告别过去，以全新的姿态投入新的竞赛中。培养学生不怕失败、敢打敢拼的心理品质，是一个长期的工程，教师要不厌其烦地在每次竞赛中和竞赛后耐心地进行指导，保证学生始终能以积极的心态，主动迎接各种挑战。

（四）帮助学生树立正确的竞争观念

现代教育培养观对成才的标准有了新的认知层次，看一个人是不是合格的人才，不仅要看他的知识和能力水平，还要看他的情商高低，即看他是否有高尚的情操、崇高的理想，是否胸怀坦荡、光明磊落。所以，教师在培养学生竞争意识的过程中，要帮助学生树立正确的竞争观念。具体可从三方面入手。

1. 教育学生理性地对待竞争

这要求学生消除竞争中的嫉妒心理。要使学生明白，竞争不是相互残杀，而是一种超越。要凭借自身的实力和努力，在相互尊重、相互信任、相互帮助的基础上进行竞争。别人进步了，成功了，要为之高兴；自己失利了，受挫了，要正确地面对。嫉妒他人，甚至采取卑劣的伤害手段戕害他人，是心理不健康的表现，应该予以彻底消除。

2. 教育学生采取正确的手段竞争

竞争要凭借自己实实在在的苦干赢得成功，不能靠投机取巧谋取私利。也就是说，竞争的手段要正当、要光明，要符合道德规范与法律法规。教师要将这些道理经常灌输给学生，并在活动中加以实施。

3. 教育学生在合作的基础上竞争

竞争具有残酷性；但竞争并不是冷酷无情，不是孤军奋战，而是需要合作。新的课改理念特别强调要培养学生的合作精神，教师应在鼓励学生竞争的同时，强化学生的合作意识。在许多集体项目的比赛中，像拔河比赛、小组间的卫生竞赛、班级间的歌咏比赛等，都需要大家的真诚合作，没有合作，取得成功的机会就不大。即使一些个人之间的竞争，也需要人与人之间的相互帮助与合作。比如，个人学习成绩竞赛，它不仅仅是局限在考场上的竞争，还包括合作。在平时的学习中，同学之间应相互帮助，取长补短。对于合作意识的培养，教师不仅要进行口头教育，还要与教育教学内容有机地结合起来，只有如此，学生的人格才能得以全面发展。拥有竞争意识能推进个人的发展，所以教师在教育教学活动中，应该抓住机遇，不失时机地创设条件，鼓励学生积极参与竞争，培养并强化他们的竞争意识，以增强他们适应未来社会的能力。

第五节　减轻学生负担

学生课业负担过重，严重妨碍了学生生动活泼主动地学习，影响了学生全面素质的提高。所以，要实施素质教育，就必须切实减轻学生的课业负担。学生学习负担重，原因是多方面的，就教与学的角度看：一是按传统的教学方法，以讲为主，或者满足以"灌"为主，把学生当作接受知识的容器，而不是学习的主体；二是作业、练习、考试数量太多，学生精神上产生了厌倦、疲惫以至麻木，这种结果造成了学生学习上的恶性循环。针对上述存在的问题，笔者认为优化化学课堂教学结构，提高课堂教学效率，是减轻学生负担过重的重要措施，而创造良性循环的客观学习环境也同样重要。

一、备课要备细备透

这里所讲的备课要备细备透，除了有对知识内容的重点、难点、教学语言的精细、教学板书、实验做认真的准备这层意思之外，更重要的是指在备课中要"备"自己的教学对象：教学对象在每一节课中会有哪几种类型的接受者？这使他们能在启发下（即教者用最简练的语言）认识问题以至触类旁通的途径在哪？都是教师备课的难点和重点。教师只有对他的教育对象的学习情况了解得透、分析得透，才可能使教学过程始终与学生有机地联系在一起。例如在讲授"二氧化碳的性质"时，有教师根据自己所教学生的情况，备课中考虑到二氧化碳的检验方法和相应化学方程式是这节的难点，在教学中并不是为了解开这个难点，反复去讲解，而是采取了让学生演示实验、观察现象、分析结论，就是在学生（写）错的情况下也不急于纠正，而是启发学生作进一步的探索、总结，找到错误的症结，以唤起其他学生的进一步注意，使学生在轻松愉快的气氛中掌握好知识。

教师在备课中要设身处地地扮演几种不同类型的学生的角色，要细心地研究分析学生在不同课节里可能的心理活动，恰到好处地引导他们发现问题、思考问题，这样才能最大限度地调动学生的学习积极性，使学生在良好的心理状态下生动活泼主动地学习，使学习成为乐趣。创造学生具有强烈求知欲望的课堂环境，应该是备课中备细备透的宗旨。

二、实行"30＋15"方案，引导学生搞好预习

在课堂结构上，教师改变过去传统的授课模式，实行"30＋15"方案，空出15分钟左右让学生预习、提问讨论和练习。因为学生经过预习，方知问题所在，从而能找到自己的薄弱点，学习情况的反馈才能真实地反映出学生的实际状况，使教学更密

切结合学生的实际，达到事半功倍的效果。引导学生搞好预习，不是口头布置几句就完事。作为教师更应吃透教材，掌握大纲，针对大多数学生一般的思路和可能提出的问题布置所要预习的内容，布置时力争内容明确，思考题精练。不但锻炼了学生的阅读能力，也符合对事物认识的一般规律。对知识的学习不可能一次就能掌握得很牢靠，一定要有一个反复认识的过程，而预习正是这种反复认识的过程。高中生最善于主动积极思考的阶段，也正是预习了，预习能使学生带着问题去听课和思考，从而更有效地将知识学得扎实、学得活。

三、课堂上教师突出的是"精"，学生突出的是"动"

这里所讲的"精"是教师课堂上的精讲精练。精，就是要讲到点子上，学生能讲的教师不讲，学生能思考到的教师不代替完成，学生能做出的教师不代替做，这就是要学生"动"，充分地动脑、动口、动手。教师的"精"与学生的"动"是紧密相关的，若教师不是精讲精练，就会挤掉很有限的教学时间，就会减弱学生的学习主动性和积极性，学生也就"动"不起来。反之，学生"动"起来了，就要求教师不要再过多地重复经过他们自己努力就能够获得的那部分知识，而是要求得到更严谨的思考方法，得到更准确的知识内容，得到更精新的阐述。所以，教师在教学中要力争做到语言更精练，每句话都对学生有吸引力，板书更精，不必要的字一个也不示范（口头示范、书写示范、演练示范、操作示范），做到精练、准确。让学生"动"的具体做法如下。

（1）让学生议论前一节的内容大意，可以自己思考，可以互相回答，有时让学生到前面回答或问答，请下面的同学挑毛病。

（2）让学生概括复述教学中某一段的中心意思，互相讨论，突破难点。

（3）让学生动手实践，帮助演示，指导实验，分析现象，总结规律。

学生"动"起来后，提出的问题多了，而所提的问题大多正是所强调的重点和难点以及应深入理解的地方。也就是说，知识的获得必须靠学生本身的求知欲，不是靠教师的"灌输"。很显然，靠自己的愿望与被迫学习的心理精神负担截然不同。

四、用实验、直观、形象教学，引导学生想象，鼓励其实践

如果教学总是用一种模式，就会缺少必要的新鲜感。针对学生的年龄特征，新鲜感是激发学生求知欲的一种兴奋剂。利用先进的教学形式和手段进行教学，从某种意义上讲也是减轻学生负担的一种客观因素。教师要常利用教学中的适宜机会，采取多媒体、放幻灯、看模型、图表、做实验和讲一则短故事的形式来引导学生入胜。学生的兴趣来了，学习起来注意力会更集中，同时结合了实际，了解了生活，不易忘记所学。

五、大胆地让学生走上讲台，实施"兵教兵"

"最优秀的教师未必能教出最优秀的学生"。由于最优秀的教师知识渊博，讲解透彻，很少犯错误或者不犯错误，学生则认为教师讲的就是对的，学生质疑的意识就会逐渐淡漠，更谈不上养成质疑的习惯。长此下去，学生将缺乏创造意识，缺乏创造力。而学生讲解则大为不同，学生不但有新鲜感且水平相近，有挑出"小老师"毛病的可能性，听讲的学生会更加专注、认真，同时学风会自然地好转，质疑意识也会不断增强。"质疑是发现的源泉"，要让学生走上讲台，实施"兵教兵"。首先让个别优秀生讲一两个问题，在讲之前，教师应帮助学生熟悉问题，明确问题的关键，指出突破问题的方法，同时鼓励学生大胆地走上讲台，表现自己的才能，张扬个性。对表现突出的地方要及时给予表扬鼓励，对出现的问题要及时指出，激励学生继续努力。其次给其任务，以示信任，逐步推进，以点带线，以线带面，逐步提高要求，即要求学生自己考虑讲解一两个问题并予以解决，教师几乎不给什么指导。再次，布置10道左右的题目，让其抽出两三道给大家讲，可想而知，上台学生必须熟悉每一道题。最后，布置10～15道题，学生上台讲解时，教师先拿出扑克牌让其抽出3～4道题讲解，同时鼓励听讲的学生为其挑刺，这样可以使问题得到充分暴露，听讲的学生也可以上台来讲（甚至取而代之），对一些有分歧的问题展开讨论，经过不懈的努力，学生能积极主动参与，促进了各种能力的提高，自然更加融洽，大家都在帮助对方提高，同时也提高了自己。

六、不搞疲劳战术，一切立足于课堂解决

现在学生在时间压力上，在作业和考试数量上的负担的确过重，经常打疲劳战。这种疲劳战术并非能提高学生的学习水平，正好相反，本来按教学大纲通过一定的练习已经达到了要求，若使练习题目增加，一种是重复，学生容易怠慢，收效就不会大；一种是加深加宽，这样做对大部分学生也是不适宜的，本身也超越了大纲的要求，增加了学生不必要的负担。所以，在优秀教师的教学中，课外很少有额外的练习题，有必要补充的练习，一律在课堂上完成。这样做可以保证学生的负担降到最低水平。另外教学课时是一定的，要多做练习必然会挤占教学的时数，更能突出教师的"精"，杜绝了加重学生负担的机会。

综上所述，减轻学生负担必须改革课堂教学模式，优化课堂教学结构。教师对所教的知识、对象要心中有数，要深钻教材，要重视教学研究，才能充分利用课堂的教学时间提高单位教学时间的收效。减轻学生的负担，并非减轻压力。恰恰相反，减轻学生的负担，教师的压力会更大，因为备课和教学辅助准备的工作量增多了，对学生情况了解更细了。减轻学生的负担，也不是一味说学生不要压力，没有压力轻飘飘，每堂课的现场自学（预习）、讨论、练习，每一章的口试本身对学生就是一种压力，但是这种压力是学生求知欲的总结，是学生学习成效的总结，学生喜欢这样做，思想

上不存在抵触和应付，整个学习过程显得生动积极。

第六节　高中化学实施"自主"创新教学

一、中学化学"自主"创新教学的含义

"自主"创新教学是以激励学生主动参与、主动实践、主动思考、主动探索、主动创新为基本特征，培养学生创新精神及创新能力为价值取向，全面提高学生整体素质为目的的一种新型的教学方式。它不以知识的直接掌握和知识点的训练为重点，而以开发智力、培养能力为重点，强调方法指导、非智力因素的优化，其目的是学会学习、学会创新。

（一）"自主"是个性发展的本质

中学化学教学中的"自主"是指教师借助实验和感人的情景，去调动学生这一学习主体的主动性、积极性，变学生被动学习为主动学习。教师注重启发学生思维，鼓励他们自己发现问题，提出假设，并亲自实践。

（二）创新是一种活动，也是一种能力

中学化学创新教学是指教师在中学化学教学中运用适当的教学策略，向学生传授知识、培养技能的同时，借助化学实验、化学与工农业生产、生活的联系、化学学科中的科学思维方法等激发学生的创新意识，发展学生的想象力，训练学生的创新思维，培养学生的实验能力，即着眼于学生创新能力发展的教学活动。其最终目的是培养出高素质的创新型人才。

（三）中学化学"自主"创新教学是在教师指导下，学生自学与教师指导相结合的一种教学方式

其要求最大限度地给予学生"自主"学习的机会，促进学生"自主"学习，发展学生独立获取知识的能力和创新能力。

二、中学化学"自主"创新教学的特征

（一）主体性

学生的学习过程是学习主体对学习客体主动探索、不断创新，从而发现客体新质，

不断改进自己已有认识和经验，建构自己认知结构的过程。中学化学"自主"创新教学要求注重发挥学生的主体地位，通过学生亲身的活动和实践，变被动、消极地学为主动、积极富于创新地学，使学习成为学生主体的自主活动。在活动中，教师只是学生的帮助者、指导者和合作者。主体性主要体现在以下方面：一是学生对化学学习目标的自我设计、学习方法的自我选择、学习时间的自我安排、学习过程的自我监控、学习效果的自我反馈等。二是学生在化学学习活动中是积极的探索者。三是学生是化学学习实践活动的主体。

（二）实践性

人是通过实践并在实践中来完善自己的。学生的主体活动是学生认知、情感、行为发展的基础。化学是一门以实验为基础的学科，其实践性很强。所以，教师要尽一切可能为学生创造各种实践的机会。一是在教学内容上，多结合生产、生活实际进行教学；注重化学实验教学，在创设问题情境、提出问题、探索问题时应该把化学实验作为重要的途径和手段；充分发挥学生的能动性，尽量让学生亲自动手做实验，变教师的演示实验为学生的随堂实验，增加探索性实验。二是在教学方法上，体现以学生自学和实验探究为主的活动，放手让学生观察、思考、想象、质疑，动口、动脑、动手，引导学生主要依靠自己的学习活动来解决问题。三是在学习过程中，调节师生关系及其相互作用，形成和谐的师生互动、生生互动、学习个体与学习媒体互动，强化人与环境交互影响，从而达到提高学生学习兴趣、激发创新潜能的目的。

（三）情境性

由于中学化学课堂教学的限制，中学生学习能力的限制，学生自主探究化学问题，体验结论或答案产生的过程，需要有适宜的环境，因此教师必须在课堂上创设化学知识产生和使用的具体问题情境，帮助学生产生疑问、探索化学问题。教师要创设多样化的活动情境，如讨论、小组学习等，让学生始终处于独立探索、主动积极地构建自己的认知结构、发展创新思维能力的状态，给予学生独立活动的空间，不把学生的思维局限在教案框架里。

三、中学化学"自主"创新教学中教师的角色

在传统化学教学中，教师处于中心地位，是向学生传授知识的权威者。基于在建构主义学习环境下的中学化学"自主"创新教学，学生是化学学习的主体，教师是学生知识意义建构的协作者、组织者、指导者和促进者。

（一）过程的协作者

在整个学生"自主"学习化学活动中，教师应参与全过程。如指出学生讨论中的矛盾所在，帮助学生流畅地表达，协助学生疏通思想、理清思路，帮助学生寻找、搜集和利用化学学习资源等。

（二）活动的组织者

教师应创设问题情境以激发学生学习化学的兴趣，创设有利于讨论的课堂氛围，组织学生进行集体研讨，选择讨论的适当"火候"和适当问题，了解活动的实际进展，观察活动中学生的表现，捕捉活动中的有关信息，发现活动中有价值的教学因素。

（三）活动的指导者

在整个"自主"学习活动中，教师不仅为学生提供查找化学信息的途径，指导学生获取信息，帮助学生解决学习中遇到的问题，并且通过组织小组讨论、意见交流等活动，教会学生善于表达自己和聆听别人的意见，学会接纳别人、赞赏别人，促进学生之间的沟通互动。

（四）知识意义建构的促进者

教师要揭示新旧知识之间联系的线索，引导学生对化学知识进行抽象和概括，促进学生把当前所学的化学知识与已有的经验联系起来进行反思，促进知识的意义构建。教师要使学生明确自己学习什么、获得什么，帮助学生对自己的学习行为和结果进行评价，并促使评价内在化。

四、中学化学"自主"创新教学的实施方法

中学化学"自主"创新教学作为一种新的教学理念，一种新的教学价值的追求，不是另开炉灶，而是对传统化学教学的扬弃、突破、创新的产物。它是针对目前中学化学教学过程中存在的妨碍创新能力培养的问题和不足进行的革新、优化。学生学习能力、创新能力的形成要经历从"他主"到"自主"的过程。创新能力的形成离不开教师指导这一外在条件。所以，中学化学实施"自主"创新教学，从宏观上要确立科学的教学方法和教学策略，以凸显学生自主学习过程；从微观上要重视激发学生的学习动机，加强学习策略的指导，确立合理的评价方法，以促进学生自主学习，进而培养学生创新能力。

（一）科学的教学方式是中学化学"自主"创新教学的核心

教学实践证明：教学方式对于教学的成败、教学质量的高低、学生创新能力的培

养有非常重要的作用。现代教学论指出，学生学习任何知识的最佳途径都是由自己去探索发现，这种发现会使学生理解更深刻，更容易掌握其中的内在联系和规律。中学化学"自主"创新教学要求最大限度地给予学生"自主"学习的机会，促进学生"自主"学习，发展学生独立获取知识的能力和创新能力。所以，在中学化学教学过程中，教师要结合具体的教学内容，灵活运用引导发现法、探究式教学法、讨论式教学法等，真正体现以学为本、因学导教的思想。

（二）科学的教学策略是中学化学"自主"创新教学的根本保证

1. 创设智力上具有挑战性的问题情境

思维总是在一定的问题情境中产生的，思维过程就是不断发现问题、解决问题的过程。只有问题具有新颖性和挑战性，才能有效地引起学生的兴趣和求知欲，激励学生的思维，才能引发真正意义上的学生学习活动。因此，教师在课堂教学中要创设具有挑战性的问题情境，以问题为主线组织和调控课堂教学，通过问题启发学生积极的思维活动。

2. 创设民主、自由、和谐的学习氛围

洛克曾说过：不能在一个战栗的心理上写上平整的文字，正如你不在一个震动纸上写上平整的文字一样。利珀认为，宽松和生动活泼的气氛可以使情绪具有动机和知觉作用的积极力量，它组织、维持并指导行为。中学化学"自主"创新教学的开展需要营造一个民主、自由、和谐的环境，形成和谐、愉快、民主的氛围。只有在民主、自由的环境中，才可保持教师与学生人格平等、真理面前平等，师生相互尊重、相互探讨，才能使学生对教师既尊敬又无顾虑，心理轻松、自在、愉悦，各抒己见而不担心被打棍子、戴帽子，敢于进行非逻辑性的"异想天开"、求异性的"见异思迁"、发散性的"举一反三"。

3. 重视情感教育

情感是学生学习态度的体验，是沟通教与学的纽带。学生具有热烈的情感，才会精神振奋、思维活跃，才会主动地掌握知识、探索问题。中学化学"自主"创新教学注重对学生的情感教育，促使学生主动活泼地学习。

（三）激发学习动机是中学化学实施"自主"创新教学的前提

兴趣作为一种非智力的心理因素，对人的智力活动和其他实践活动有着积极的动力、导向功能。兴趣能促进学生去思考、去探索、去创新，其是发展思维、激发学生主动学习的催化剂，是调动学生学习自觉性的一种内在动力。科学史的大量事实也充分说明，强烈的创新意识来源于永不满足的好奇心和对科学的酷爱。中学化学"自主"创新教学重视激发学生学习兴趣，促进学生"自主"学习。

1. 创设"问题情境"组织课堂教学

学起于思，思源于疑。设疑是根据学生的认识规律，激发学生兴趣，促进学生积极思维的有效手段。在传授知识时，恰到好处地把活泼生动的问题提给学生，作为教的出发点，使学生进入积极思维的状态，既可集中学生的听课注意力，又可使学生产生求知的欲望。

2. 联系生产、生活中的化学知识进行教学

教师联系身边的化学现象，联系化学知识在生产和生活中的运用，用化学知识和技能说明和解决社会生活问题，使学生关心与化学知识有关的生活问题，让学生了解化学与人类生活的密切关系。如洗衣粉的去污原理，自来水的有害成分，家庭的空气污染等。在讲"氢"元素时，介绍它在自然界中分布很广，燃烧热效率，进而展望氢气是未来的理想能源。联系生产、生活中的化学知识进行教学，学以致用不仅能增强学生对化学的感性认识，激发其求知、创新欲望，而且能增强他们献身科学的高尚情操和为解决现存问题而刻苦学习的顽强毅力，同时还有助于学生使命感和责任心的形成。

3. 培养学生的自我效能感

自我效能感是人对自己能够实施某一行为的自信度和能力感，它影响人对行为的选择、对困难的态度，影响行为的努力程度和持续时间，也影响学习行为中的情绪和效率。自我效能感强的人，能正确估计自我能力，选择活动的方式和内容，对问题做出准确判断，及时修正自己的错误，主动积极参与，学习充满活力；反之，效能感比较弱的人，参与感也随之下降。在化学课堂教学中，教学的速度、节奏，以中等偏下水平学生为标准，让大多数学生学有所得。提问时，对于综合性较强且较灵活的问题，让学习成绩比较好的同学来回答；对于一般性的问题，让学习成绩中等的同学来回答；对于比较简单的问题，让暂时学习有一定困难的同学来回答。这样所回答的问题与他们的实际情况相符，回答问题的正确率较高，他们获得成功的机会就多一些，从而能够提高他们的自我效能感。教师评价学生，对学习成功者着重于"能力"肯定，对失败者则归于"努力不足""差别较小"等理由，使其既感内疚又跃跃欲试，不断进取。

（四）合理的评价是中学化学"自主"创新教学的保障

化学教学评价作为化学教学系统的重要组成部分，虽然不能直接使学生产生创新能力，但它的内容和形式在很大程度上决定着教师的教和学生的学。评价的主要功能是：诊断、指导、激励和促进反思。目前"评定的功能由侧重甄别转向侧重发展"已成为世界各国课程改革的发展趋势。对于学生而言，"发展"即成长，中学化学"自主"创新教学要求改革当前教学评价的现状，重视过程评价、自我评价，注重评价内容的全面性。

1. 注重评价内容的全面性

化学教学目标是多元的，包括认知、情感和操作技能三大领域。多元化的教学目标需要全面的化学教学评价才能确保该目标的实现，然而在化学教学中因长期以来只重视认知目标的评价，于是考什么教什么、怎么考怎么教，把难以量化的情感目标和操作技能目标基本排除在被评价目标之外，从而导致教学评价和教学目标严重脱节。中学化学"自主"创新教学在目标上的多元性要求化学教学评价应该是全面的，而不是片面的；是和其教学目标相吻合的，而不是脱离的。即中学化学"自主"创新教学的教学评价应该对学生的化学基础知识和基本技能的掌握情况，观察能力、实验能力、创新能力等的发展状况，以及学生的创新意识、创新精神、对学习化学的兴趣等情感状况，做出全面的客观评价。

2. 重视过程评价

（1）质疑

在中学化学"自主"创新教学的课堂中，教学内容是以问题情境呈现的。评价学生：是否在情境中产生了问题，是否受到问题情境的浸润和诱导等，学生是否发现了问题，是否很快发现了问题，发现了多少问题，问题有无思维深度，问题是否与情境的指向一致，学生是否提出了驱动性问题（推动教学向纵深发展的问题）等来评价学生的问题意识。对于学生受问题情境浸润的程度，主要观察学生的投入状态，如精神饱满、积极思考、兴趣盎然、乐于探究、有充实感等。对于问题情境是否诱导了学生，主要通过聆听学生的问题交流来判断，主要考查学生是否剔除了情境中的次要信息，抓住了主要信息，是否当前的新信息中涵盖了已有的知识与生活经验，对问题是否有预见性等。

（2）参与

中学化学"自主"创新教学课堂一般采取集体教学与小组教学交替的形式进行，且以小组合作学习为主；在信息传播方式之上，以师生、生生、师生与教学内容、师生与媒体之间的多维互动为主。因此，要重点评价学生参与的态度、广度和深度。评价小组成员是否参与了探究的过程，是否有明确的角色分工，是否相互信赖，是否有均等的参与机会，问题是否是在集体参与的情况下解决的等。

（3）交流

交流是中学化学"自主"创新教学的一个重要环节。教师针对交流的评价，要关注学生在问题解决过程中对探究过程、方法、原理等的体验，关注学生在交流的过程中，是否实现了思维的精细化、深刻化，知识是否得以拓展，学生的能力和科学素养是否得到发展，学生的交流技能是否得到提高。

（4）应用

中学化学"自主"创新教学课堂的应用包括知识迁移、技能的掌握、角色的扮演、信息的处理、创意的发挥等。基于应用的评价应重点关注学生对知识内涵的理解和掌握，对知识价值的反思能力，以及建构知识的能力等。过程评价的方法以定性评价、超我评价（把学生个体的现在与过去进行比较）、档案袋评定、问题测试、主题活动评价为主。

3. 引导学生自我评价

中学化学"自主"创新教学中强调学生的自我评价是因为：一是中学化学"自主"创新教学注重认知策略的习得，而认知策略是一种元认知，是对学习过程的反思，反思即自我评价。二是中学化学"自主"创新教学强调培养学生探求未知世界的科学精神和科学态度，而有关这些情感态度价值观的教学目标是内在的、体验的、默会的知识，它们深入人的素质的核心部分，既纷繁复杂又很难量化和测量，需要学生的自我评价。三是中学化学"自主"创新教学是以建构主义学习理论为基础的。建构主义认为：知识是生成的、建构的，也是不断发展的，学生自主探究是中学化学"自主"创新教学的最高境界。对于学生的自我评价，教师帮助学生设计评价量表，评价的目的。评价最重要的意图不是证明，而是为了改进。自我评价是一种自我比较，意在发现自己学习中的问题，激励自己成功，鞭策自己不断进步。

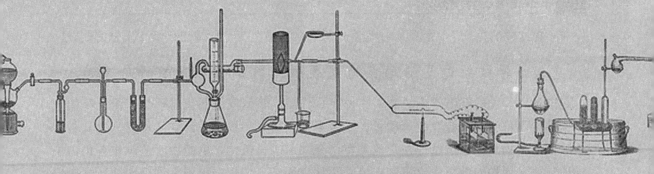

第八章 高中化学教师的专业成长

第一节 教师专业成长的影响因素

教师是推动教育事业向前发展的核心力量。教育的发展离不开教师，教育改革的成败关键也在于教师。目前，我国的基础教育课程改革正逐步走向深入，然而最美好的课程改革前景，如果离开了教师，都将成为一句空话。近几年来，教师的发展成长，尤其是广大青年教师的成长问题已经引起了教育界的普遍关注，日益成为学校工作的一个重点。

一、影响教师专业成长的学校因素分析

（一）学校工作的行政色彩过于浓厚，致使多数教师缺少反思的意识

长期以来，由于历史的原因，学校一直是教育行政部门的附属品，学校工作完全按照教育行政部门的指令行事，没有办学的自主权。教师是学校的附属品，在教学上同样没有自主权，久而久之，导致一线教师缺乏反思的意识和能力。

（二）应试教育致使教师缺少成长发展的机会和条件

时下，社会各界、学生家长、教育行政部门与学校追求的仍然是升学率。摆在我们面前的现状是，课程改革实验虽轰轰烈烈却步履维艰，应试教学虽屡受抨击却扎扎

实实。在这样的背景下，教师常成为应试教育的"熟练工"而缺乏创新、反思的实践。

（三）学校缺乏灵活的具有发展性、甄别性的教育评价制度

较多的学校仍沿用传统的教师评价模式，即以学生成绩的优劣作为衡量教师的唯一标准。而且为了抓教育教学质量，学校不得不给第一线的教师加压增力，尤其是骨干教师的负担更重。虽然现在学校大多已建立起教科机构，但是由于应试教育仍占主导地位而发展性的教育评价机制未能真正建立起来，学校一般不能围绕课题研究提出的问题，组织和开展行之有效的交流研讨活动，也就不可能形成激励教师成长发展的氛围。

二、教师成长发展的学校培养策略

（一）加强职业道德的建设

德育是素质教育的灵魂。学校应始终坚持德育为先，坚持以德育人的优良传统，全方位、多层次地开展德育工作，营造和谐的育人氛围，把教书育人、管理育人、服务育人、环境育人落到实处。学校应努力建立一种人格平等、教学互动的教学环境，以德立校，将思想政治教育和师德教育作为教师成长的重要内容。

1. 以科学的理论武装人

抓好政治理论学习，坚持政治理论学习制度；加强政策、民主法制和维护社会稳定的教育；加强对教师进行敬业爱生、为人师表的教育；加强对教师进行心理健康的教育。

2. 以健全的制度规范人

要搞好教师思想道德建设，学校应制定各种制度并每月对教职员工进行一次师德评估，每学期进行2～3次学生及家长反馈，研究教师的师德行为，对违反师德规定的教师，在晋级、评比中坚决实行一票否决。

3. 以先进的形象带动人

树典型，讲正气，倡导高尚师德师风，以丰富的活动激励人。通过开展演讲、事迹报告、安全分析、师德研讨等活动，激励教师树立高尚的师德形象。

（二）努力营造学习、反思、进取的积极氛围

随着改革开放的不断深化，教育科研、教学改革等领域的研讨活动异常活跃，这就创造出有利于教师强化反思的各种机会。在具体工作中，不少教师已经尝到了甜头。学校应努力创造机会，引导教师学会并且参与这些活动，真正让反思成为教师自觉、主动的一种研究意识和能力，使之成为教师的一种习惯。为此，鼓励和指导教师结合

自身的教育教学实践开展行动研究、案例研究，不失为一种有效的途径和方法。在活动中，广大教师能不断积累和丰富教育教学经验，积极参与相关课题的研究，不定期撰写教育教学心得、案例和论文。长此以往，许多教师脱颖而出，迅速成长为教育教学骨干。正是在参与活动的过程中，教师们能"逼着"自己通过学习不断反思自己的实践经验，提高自己的认识。

（三）构建发展性教师评价制度，加强教研制度建设，搭建有利于教师成长的平台

心理学研究表明，人的活动积极性源自需求。激发教师的需要、明确追求的目标，是激发教师积极性的基本途径。为此，学校应重点突出以下几个方面的建设。

1. 构建发展性教师评价制度

评价应是多元性的、建设性的和发展性的，学校可以建立"教师成长档案"，对学科带头人、新教师（教龄 5 年内的教师）等学校中青年教师、接近退休的教师提出不同的要求，从不同的层次引导教师对自己的职责态度、素质能力和教学实效三个方面进行评价。评价应注重教师本人的纵向比较，关注教师的点滴提高和进步。

2. 加强教研制度的建设

（1）建立"师徒"结对子活动制度

聘请有丰富教研经验的教师对青年教师实施带教，及时指导和督促他们不断积累和总结教育经验，让他们迅速加入科研型、高素质的骨干教师队伍，缩短其成长期。同时，加强部门间的联系协作工作，尤其是教务处与教科室的合作，开展课堂教学研究，争取得到扎实有效的课题研究成果，推动教学改革往纵深发展。

（2）推行"五个一"基础工程制度

即每学期读一本教育教学理论书籍、开一堂公开课、在组内或校内做一次教育教学学术发言、写一篇"教学反思"或论文、参加一个课题研究，促使全体教师把教育理论与教学实践紧密结合起来，引导教师成名成家。

（3）抓好教研骨干队伍建设

重点抓好学校领导组、教研组组长、课题组组长三支队伍，充分发挥他们在教研工作中的示范带头作用。通过学术研讨、专题讲座、现场观摩、外出参观等形式分层分类培训教研骨干。

（4）加强学科带头人的跟踪培养与目标管理

学科带头人要充分发挥在教研工作中的示范带头作用，在学校管理、学科教学研究中形成自己的特色，出一些高质量的科研成果，带动本组开展群体性教研活动。对已确认为学科带头人的教师应有计划地展示他们的教研成果，为他们搭建更高的发展平台。

第二节　化学教师开展校本教研活动的探索

教学质量是学校生存和发展的基石，提高教学质量的关键就是要不断地开展教学研究。课堂教学是学校开展校本教学研究最主要的内容，在新课程改革背景下，出现了更多新颖的模式与内容。积极开展有效的校本教研活动，探索高效的课堂教学模式，是确保学校可持续发展的关键。

一、当前校本教研活动的问题与不足

教研组是教师群体进行校本教学研究的基本单元。当前，随着新课程改革的不断推进，教师专业化发展需求的凸显，探索出高效的课堂教学模式已成为当前校本教研活动的主要内容之一。然而细细观察当前教研组的工作，不难发现仍然存在诸多不尽人意的问题。

（一）教研意识淡薄

在一些教师的眼中，他们进行校本教研活动就是为了完成学校布置给他们的一项"任务"，甚至视教研活动为"负担"，缺乏开展活动的兴趣与热情。指令性、应付检查式和跟风型的校本教研活动在学校仍大量存在。

（二）教研形式单一

校本教研活动流于形式，教师不知道怎么开展有效的校本教研活动。活动形式大多是听一堂教师的课，课后说一些无关紧要的评语，赞扬的多，批评的少；研讨时泛泛而谈，缺少观念的交锋、思维的碰撞。活动是开展了，但对于教师的成长不能产生应有的效果。

（三）教研内容失衡

校本教研活动中往往侧重于研究教材教法，忽略了教师行为和学情研究；重视知识传授的研究，忽略了教学技能与学法指导的研讨；重视活动的开展，忽略了经验的总结与资料的积累。

（四）教研安排随意

虽然教研组活动能实现时间、地点、人员的固定，在学期初有计划、学期末有总结，但是大多数教研组活动的内容安排随意、缺乏计划性与连贯性，经常只是一些事务性工作的布置，考虑形式的多，思考内容的少。

　　校本教研活动的目的就是要有效地激活教学研究，营造互动式对话的氛围，引起教师个体的反思与共鸣，帮助教师实现理念的更新、观念的变革、行为的转变。如何使校本教研活动能够真正有效地开展起来，促进课堂教学效率的进一步提高，这些都是新课程改革实施过程中值得探讨的重要问题。

二、基于课堂教学的校本教研活动的内容与形式

　　随着我国基础教育课程改革的启动和深化，以课堂为主阵地、以行动研究为主要方式的校本教研活动已成为教师专业成长的一条有效途径。在新课程改革的背景之下，校本教研活动无论从形式还是内容都发生了变化。其中基于课堂的校本教研活动，更是以崭新的面貌、多变的形式，成为新课程改革持续推进的不竭动力。

（一）同课异构

　　"同课异构"这一名称借鉴了化学学科中的"同分异构"。化学上，同分异构体是一种有相同的化学式、有同样的化学键却有着不同的原子排列方式的化合物。有些同分异构体有相似的性质，但也有的性质相差很大。"同课异构"中的"课"是指教学内容，"构"是指教学设计。一般而言，同课异构有两种方式：①同一教学内容由不同教师进行处理、组织课堂教学；②同一教师对同一教学内容在不同教学班级以不同的构思处理、组织课堂教学。我们通常所说的同课异构大多是指第一种，也就是不同的教师选用同一教学内容，根据学生实际、现有的教学条件和教师自身的特点，对教学内容进行合理化安排，进行不同的教学设计。不同教师的教学风格、教师对课程资源的组合能力以及教师对教材的处理艺术，在同课异构中均能得到充分展现。充分比较、学习不同教师执教同一教学内容的教学案例，是教师提高专业化水平、提升校本教研实效性的一条有效而便捷的途径。

　　同课异构要求教师精心研究教材，潜心钻研教法和学法，以便各显风采、各具特色，也为集体研讨提供了很好的素材。这种校本教研活动是教师提高教学水平和教学能力、总结教学经验的一条有效途径，对整个教学质量的提升都有着显著的作用。

　　以同课异构为主题的校本教研活动的基本流程是：组成小组→确定上课课题→进行教学设计→课堂展示和课堂实录→课后研讨→写出教学案例→形成课例。

　　在活动开展前，教研组应当确定至少两位以上的上课教师及一定数量较有教学经验的评委教师组成活动小组。然后由教研组研讨确定上课课题。上课教师根据课题进行教学分析，设计出教案初稿并进行试教。如果时间较充裕，上课教师还可根据试教情况进行教学再设计和再试教，直至确定较满意的教学设计（磨课）。开展活动时，先由上课教师集中进行课堂教学展示，评委教师组织好其他教师进行听课（可以是其

他学科），记下各自的课堂实录。课后研讨是该活动的重要内容。研讨时，先由上课教师说课（教学设计、课堂生成、课堂自我感觉等），然后由听课教师点评与探讨，最后由主评教师评课（围绕研讨主题，可利用观课表等），同时完成评课稿。活动告一段落之后，参加这次活动的所有教师都可以充分利用教案、观课表、课堂实录、评课稿以及研讨中迸发出的思想火花，结合各自的教学疑难和教学实际写出教学案例。以上过程中的点点滴滴（教案、观课表、课堂实录、评课稿、教学案例、头脑风暴等）都由专人负责记录汇编，从而形成本节课的主题研讨活动课例。

同课异构的教研模式能展示不同教师对教材不同的分析理解、不同的策略选择、不同的资源选用，呈现出课堂教学的多样化。另外，在这样的教学活动中，教师也能正视彼此之间的差异，积极吸收他人的优点和长处，在保持自己风格和特点的同时，相互学习，共同提高。

（二）课堂观察

自从有了课堂教学以来，课堂观察的行为就一直存在。课堂观察，顾名思义就是通过观察，对课堂的运行状况进行记录、分析和研究，并在此基础上谋求学生课堂学习的改善、促进教师发展的专业活动。在课堂观察中，观察者带着明确的目的，凭借自身感官以及有关的辅助工具（观察表、录音录像设备等），直接或者间接（主要是直接）地从课堂情境中收集资料，并依据资料做相应的研究。

课堂观察的主要任务是观察和评价课堂教学活动哪些是有效的、哪些是无效的甚至是有害的，评价的依据主要是教师的课堂教学行为与学生对这些行为的反应。因此在实施课堂观察时，要根据观察计划，尽可能准确地记录教师的行为方式与学生的行为反应。由于课堂教学中的人际交往和信息交流相当复杂，需要记录的观察信息是海量的，因此可以根据研究的重点、评价者的经验、研究的具体条件采用适当的记录方式，如采用录音或录像的方法。另外可以用一种特制的专门表格，在单位时间里记录下教师的某一种行为及学生的反应，如每隔90秒钟记录一次教师的行为（讲述、板书、实验等）和学生对教师行为的关注程度等。

课堂观察包括课前观察要素的确定、课堂实时观察与记录、课后分析与评价三个阶段。基于课堂观察的目的和功能分析，课前观察要素的确定是有效开展课堂观察的前提基础，为课堂实时观察及课后分析与评价提供方向与导向；课堂实时观察与记录是有效开展课堂观察的保障，为课后分析与评价奠定基础；课后分析与评价是对课堂观察实施效果的有效提升，对教师专业发展、提高教学质量起着关键性作用。

课堂观察是听、评课的一种范式，是教师研究课堂的一种方式或方法，有利于对课堂行为的局部进行分析与诊断。它主要有三项任务：①描述教与学的行为，诊断教学问题；②帮助教师改进课堂上具体的教学问题；③改变教师日常的课堂研究行为。如有可能，对一位教师的教学行为进行跟踪递进式观察，则对其专业发展有着非常大的促进作用。

（三）微格演课

微格演课是在微格教学和说课基础上发展起来的。它是以认识论、现代教育理论、教育心理学和学科教学论为理论依据，应用现代视听技术手段进行的对教学行为的及时反馈，是一种实践性、可操作性极强的校本教研活动。这里的"微"是微型、片断及小步的意思；"格"是指分类研究教学行为的规律，从而掌握教学技能。任何一种技能都要通过练习才能获得，教学技能也不例外。

微格演课的过程主要有：对教学内容进行分解→分别就所承担的内容和任务进行教学设计→模拟真实课堂进行演课→就演课的结果进行讨论评估→二次演课→组合定型。

进行微格演课需先将教学内容分成若干子单元，比如在化学教学中讲授"质量守恒定律"时，可将内容分解成概念、理论、实验、应用四个子单元，然后根据教研组内的人员数量确定分工，每人可承担一至两项任务。每个成员在进行微格演课时重点考虑自己所承担的部分内容，要细而又细、精而又精，同时还要顾及整体，只不过不必考虑自己所负责内容之外的细节。活动时，教师根据事先设定的教学步骤和教学时间依次进行演课。演课时将自己的同事当作学生进行教学演练，并请学校电教组拍摄成录像，便于教学研讨。演课完毕，教师应对执教者的教学发表意见，既要提肯定性的意见，也要谈改进性的意见，同时还当应结合教学录像边看边评，执教者也可以在大家发表意见的基础上谈个人的看法。这样通过讨论，让大家的认识趋于一致。结束后，执教者根据大家的意见修改自己的教学设计，并准备进行第二次演课。二次演课既是对评估意见的接受，也是对改进建议的检验。最后进行组合定型：教研组在分解演课之后要将各个步骤依据教学目标和教学内容的逻辑顺序组合在一起，使之最后成为一堂完整的课。组合后的教学模型可以由教师直接移植于真实课堂。

在进行微格演课时，要协调好部分与整体的关系：微格演课将一个完整的内容进行分解，参与演课的教师在备课时要有整体意识，使子单元的教学设计能兼顾到整体，使自己所承担的教学任务与其他人将要实施的教学步骤能够有机地联系在一起，对教学时间不能任意缩短或延长。

三、体会与思考

新课程改革背景下的校本教研活动和原有的教研活动无论在内容、组织形式还是运行、保障机制等方面，都有很大的不同。可以说，教师群体的同伴互助和合作文化，是校本研究的标志和灵魂。校本教研活动的形式是多种多样的，对课堂教学的研究则是教师进行教学研究的永恒题材。同课异构、课堂观察、微格演课等校本教研活动，在新课程改革的背景下，被赋予了新的内涵而备受关注，给人耳目一新的感觉。开展以课堂为核心内容的校本教学研究活动，改变了以往教学研究活动中"组长讲，组员听"或"一人主讲，他人倾听"的被动模式。在这样的活动中，每个教师的想法得以展现，个体的才华得以发挥，实践水平和理论水平取得双重提高，从而有力促进了教师专业的成长。

第三节　化学教师开展课题研究的探索

当前教师成为研究者的观念已成为共识。随着教育改革的深入，教师专业化水平的不断提高，教育科研能力已经成为教师专业能力中的有机组成部分，过去那种备课、讲课、批改作业、家访等一系列工匠式的教师工作程序已经不能满足现代教育的需要。在新课程改革背景下，教师必须改变长期以来习以为常的职业生活方式，从习惯性教学走向研究性教学，由单一的教学实践者变成教学的研究者。这对于广大中小学教师来说无疑是一种挑战。

化学教师不属于专业教育研究人员，但是进行化学教学研究是化学教师的基本功之一，对化学教师教学水平的提高和教学改革的深化有着重大的作用。教师在新课改实施过程中要考虑制定教学目标、确定教学重点、考虑课堂教学进程、安排组织实验以及对学生学业的评价等，工作了一个阶段以后要回顾一下工作的得失，思考进一步开展工作的措施。这表明，事实上化学教师在进行教学工作的同时也在进行着教学研究。但问题在于这种研究是不自觉的，既没有整体计划，也很难达到理性认识的飞跃。比如，有人认为教师仅仅是为评职称而写论文、搞教育科研，对于进行教育科学研究的目的不明确；有的教师盲目追求课题的级别或教育模式的构建，通过研究要解决什么问题并不清楚，使研究与自己的日常教学相脱离，造成假、大、空的研究；还有的教师确定了研究课题之后，"重结果，轻过程"，写一篇总结、凑一篇论文就算研究，使研究流于"形式主义"；还有的教师在确定研究课题后，缺少科学的设计，把研究等同于日常的工作，使研究缺乏科学性和可信度；等等。随着新课改的深入推进，有目的、有计划地开展教学研究，已成为广大教师工作必须涉猎的领域及亟待解决的问题。

一、化学课题研究的范围

化学课题研究是以实践为基础，深入分析和总结化学教育、教学工作中的现象，从而深刻揭示其本质规律的过程。通过对化学教育、教学中的实际问题不断思考、积极探索，可对所研究的问题有较深刻的认识和独到见解。化学课题研究涉及化学教育教学过程中的各个环节，每个环节都有研究不完的课题，主要可以从以下几个方面进行探索。

（一）化学课堂结构的研究

教学改革的深化呼唤多样化的新型课堂结构的建立，有关这方面的问题亟待深入的探究。例如，化学教学目的与教学重点的确定原则与体现途径的研究、教学环节与课型的研究、并进式实验的选定原则与实施方式的研究、课堂练习的设置目的与组织形式的研究、课堂教学中如何实现学生学习方式转变的研究等。

（二）学生的素质结构及施教策略的研究

在化学教育教学中应怎样承担学生的素质培养、学生的素质结构应由什么组成与怎样施教等问题已迫切地摆在我们面前，需要我们做出明确的回答。

科学方法论与科学世界观教育的研究、形成良好严谨学风的研究，都是素质教育研究的组成部分，都是素质教育运行机制中需要解决的问题。如高中化学长时间的考前总复习几乎成了一些学校中约定俗成的教学计划，这就需要研究其历史上形成的原因及复习课的地位与作用；无穷无尽的"题海战术"对学生学习心理与素质形成造成的危害，也需要给出恰如其分的分析与研究；令人生厌的"顺口溜"在化学教学中的泛滥所起到的不良作用，同样需要做客观的评析。

（三）化学课程标准和教材的研究

怎样在化学教学中完整地体现课程标准对知识和能力的规定、课程标准中的知识结构怎样在教学进程中形成网络等，都需要有一批高水平的研究成果。根据化学新课程标准，目前国内出版了多套化学教材，教学设计的优化因为教材的多样化而有了更多可以参照的依据。要把"优化"变成可能，就得围绕课标要求，融合不同版本教材的内容，进行多维对比研究。

（四）化学实验教学的研究

化学是一门以实验为基础的科学，这就决定了在高中化学教学中开展对化学实验教学的研究是一个重要的课题，有必要对怎样组织实验做深入的研究。现在有相当一部分学校，实验课上是乱作一团，形成了教学失控的局面。怎样使实验课有序地进行、怎样使实验课形成理想的科学气氛，这种课题有很大的现实意义。对化学实验教学的研究还包括对实验内容的研究等。有些实验被很多人引用，但其却未必十分正确。学贵有疑，这是化学教师应有的素质。目前强调探究性实验对学生科学素质的培养的重要性，如何进行科学探究也是一个颇有实际价值的研究课题。

（五） 三维目标与思维能力培养的研究

课程标准规定高中化学教学主要应构建"知识与技能""过程与方法""情感、态度与价值观"相融合的高中化学课程目标体系。很显然，对这三种目标内容的研究、三种目标之间关系的研究、三种目标结构的研究、三种目标形成过程的研究以及它们在教学过程中发展状况的研究等，都是当前化学教学研究中有现实意义的课题。

学生思维能力的培养是教学研究中一个重要的组成部分，其往往对人的素质形成起着举足轻重的制约作用。这个课题较大，涉及多学科的协同，但并不妨碍从若干具体的化学问题入手来逐步探究解决。

（六） 成熟理论再创造的研究

随着改革开放的深入，国外一些已成熟的现代教育理论纷纷传入我国。近年来，国内也有一些新的教学模式涌现。教师可结合自己的教学实际，将这些已成熟和基本成熟的理论引进到教学改革中来，开展教学研究。

在做这类研究时，要注意的是不能机械地引用，要使实验与研究的过程成为一个再创造的过程。以一种理论为中心，可以兼收并蓄，吸收其他理论的优点，建构属于自己的教学工作体系，还应当注意对国外的理论不能无批判地接受。

（七） 指导备考研究

有考试就有备考，用有限的时间指导学生准备中、高考，这与应试教育是两回事。教育改革在深化，我国的中、高考改革也在深化。指导备考的研究可以包括：考试说明的研究、题型的研究、各种题型所承担的功能的研究、能力结构与考查的研究、实验考查的研究、试卷结构的研究等。尤其是中、高考对高中化学教学的正向导向作用应当是一个很重要的研究课题。至于猜题、押题、不负责地传播"中考信息""高考信息"等，并不在对中、高考的研究之列。恰恰相反，其只是备考工作中的不正之风。

二、化学课题研究的一般步骤

（一） 确定研究课题

进行课题研究，首先必须选好课题，这在一定程度上反映了整个研究的价值。它引导着研究的方向，制约着整个研究过程。选题主要突出一个"新"字，要选择有别于他人又符合教育发展方向的观点。此外，还可以从一个新的视角来分析化学教育教学现实中的问题或分析在教育领域新出现的、带有典型意义的问题等。

（二）制订研究计划

研究计划包括课题名称、课题组成员及基本状况、在课题中的分工、课题提出的背景和对教学工作的实际意义、本课题当前在国内外的基本状况、课题研究的进度安排、课题研究的基本手段、课题研究的经费支持状况和使用计划等。

（三）查阅文献

从文献中了解他人在有关本课题各方面所做的工作及成就，为研究工作提供重要的线索，也可吸取前人工作的经验以避免工作的重复，少走弯路。

（四）确定控制因素

一个客观事实总是由若干因素构成的，在这诸多因素中有一个或几个对其他因素起着制约作用，这样的因素称为控制因素。确定研究课题的制约因素，可为课题研究的顺利展开提供可靠的保证。例如，研究学生在学习化学时思维能力的形成，思维层次是它的基本因素，而思维层次与思维属性密切相关，在思维属性中思维的创造性又是最集中的表现，因此在这个课题研究中，可以将思维创造性的形成作为控制因素。

（五）运用因素开展研究

在确定了有关因素和控制因素之后，就着手运用它们开展研究工作。其常规手段有：进行有目的的研究性的教学实践、编制调查问卷并实施调查、用对比组的办法在一个阶段后进行测试、对所得数据做统计（有时要用计算机处理）等。然后用初步研究得到的结果提出一个有关本课题结论的假说，把这种假说应用于实践，对假说加以修正，最后得出课题结论。

（六）写出课题报告（论文）

教学研究多数是以课题报告（论文）的形式来表达其成果的。论文的一般结构应包括问题的提出、问题的研究、结论与反思等。研究论文的撰写是课题研究的最后阶段，直接关系到科研成果的呈现。

三、体会与思考

（一）要重视过程

教师的科研意识是在教育科研的过程中展现的，教师参与教育科研的特点是"教中研"。它包括接受既成的科研理论成果，将其转化为具体的教学规范，在教学过程中应用、实践。在教学中自觉地发现问题，然后进行自我探索、监控、评价，达到提高教学水平的目的。

（二）要注重应用

科学研究一般分为基础研究、理论研究和应用研究。教师研究的问题直接来自教育教学实践，是为解决具体问题服务的，有极强的针对性和目的性。只有使科研与教学相结合，教师的科研活动才有价值。教师的科研应体现在如何将已有的教育理论研究成果尽快地转化到教育教学实践中去，促进教育教学水平的提高。教师在教育科研中应是一名学习者。首先，教师在参与教育科研时应是自主式的学习者。教育科研是一个不断发现、探索、解决问题的过程，这正是"学习"的本质所在。其次，教师作为自主式的学习者是贯穿教育教学过程始终的，只有学习行为日常化，教师的科研水平才可不断提高。

（三）要遵循原则

课题研究要有科学性，不要为研究而编造数据、凑材料。有一些教师将课题研究庸俗化，自己在教学中的一点心得、一种见解写出来就当作科研成果，不想脚踏实地搞调查、做研究，这种做法本身就是不科学的。有些学校提倡教师人人有课题，但忽视了教师专业素质的参差不齐。一些教师教学的基本功还很差，硬要他搞课题研究，又没有对其进行相应的指导，结果造成课题研究的形式主义泛滥。

作为化学教师，应通过不断学习、研究、反思，来更新知识、确立理念、提升境界。向书本学习，确立合理的知识结构；向学生学习，做到教学相长；向同行学习，做到取长补短。现代学校鼓励教师进行研究，现代教师要学会研究，在教中研、在研中教。可以写教学日记，进行资料信息的研究；可以写教学札记，进行现状的研究；可以写案例分析，进行个案的研究；也可以将三者结合起来，进行持续的归纳、提炼、总结，直到形成研究成果。

第四节　化学教师开展自我研究的探索

在教育改革的进程中，教师学习一直被视为提高教师质量的重要手段。国内外学者对教师的职前培训和职后专业发展都做了较为深入的探讨。自我研究是西方教育领域在20世纪开始流行起来的教师学习和研究的途径，并在教学与教师教育领域迅速发展。自我研究具有内省与对话并存、追求教学原则而非方法、思考与行动并进等特点。自我研究有叙事、传记、教学日志、教师博客、行动研究、案例研究、教学反思等方式。

一、自我研究简述

自我研究源起于对传统技术理性主义教学的批判，摒弃其不分教学情境、对优秀教学行为和教学模式简单复制的弊端，希望教师以具体的、特定的教育教学情境为实践的起点，再以不同的方法和策略开展行动。自我研究以发展教师为要旨，希望教师通过不断地批判审视自己的教学过程，发现其中的问题，寻找恰当的解决策略。这样教师既可解决教育教学的困惑，优化教学设计；也可以积累经验，促进专业素质的提升。

自我研究贯穿于整个教学实践的全过程，是对一切影响教学进程的因素的研究和分析。在教学前，表现为对教学设计的分析，包括教学目标的分析，教学方法、教学工具和教学手段的使用等方面；在教学过程中，表现为对教学语言、教学行为、课堂氛围、学生反应等一切与课堂情境相关因素的分析；在教学后，表现为对教学效果以及整个教学过程的分析。

自我研究带有"质化研究"的色彩。长期以来，学者一直认为只有量化研究的研究结果才是科学有效的，认为数据和表格更能科学客观地反映出教育现实。但是在教育领域，教育现象是十分复杂的，影响教育的因素很多，尤其是教育者和教育对象都是有意识的能动的人，他们的观念、态度、情感、知识、文化等对教育都会产生影响，而冷冰冰的数据是无法把这些因素体现出来的，因此人们开始尝试运用质化的研究方法来研究那些复杂的教育现象和教育问题。自我研究正是运用课例、叙事、自传、日志、博客等方式对教师行为以及行为背后的动因进行的研究。例如，对隐藏在教学日志背后的教师的教育理念和教育经验的研究，从课堂录像中教师对课堂问题的处理分析教师的教育教学经验的研究，这些都是对教育教学现象的质化研究。

自我研究是在行动中的思考，也是在思考中的行动，思考的结果为行动提供活动依据，行动的过程和结果促进教师产生思考，两者相得益彰，彼此促进。

二、自我研究与传统教师发展范式的比较

教师自我研究是教师专业发展新范式中促进教师成长的重要策略。它与传统的教师专业发展范式在目的、假设和推进策略上都存在着本质的区别。

传统教师专业发展的终极目的是改善教师的表现，直接目的是教师知识和技能的增长。自我研究中关于教师专业发展的目的除了知识和技能的增长外，还强调能通过有效和适当的方式创造和运用知识。

在对学习和行为改变的假设方面，传统教师专业发展范式认为通过知识的传授就能改变教师的行为。但不少研究均显示，这种范式并不能引起显著、持续的教师行为的改变。教师自我研究强调的是让教师通过识别、评价和改变隐藏于行为背后而又能引起教师行为改变的信念和假设来促进专业的发展。在教师自我研究中，学习是建立在学习者先前经验基础上的，是在学习者的积极投入中通过经验建构的，特别是在合

作的、与学习者相关的环境中进行则效果更佳。

三、自我研究的特征

(一) 内省与交流并存

"内省"是中小学教师进行自我修炼和自我教育的重要方式和途径。它强调研究者以自己为实践和研究的起点,通过与学生、教材、家长、课程文化、课堂环境、社会、同事以及理论文献等一切与教学相关的事物之间的对话来实现对自我意识的唤醒。自我研究重视内省,但并不像字面上所显现的那样,只是拘泥于自我的活动。单纯的内省反思活动,通常较难顺利、高效地进行,无法使自己及时发现问题。而在跟他人交流对话时,人与人的思维发生碰撞,能激起更深层次、更大范围的思考。反思活动不仅是个体行为,更需要博采众长。教师将自己对某一问题的思考和解决过程呈现给其他成员,在充分交流的基础上,互相促进、互相提高。

(二) 现实性和实用性

教师进行自我研究的课题中,出现最多的是教师在教学实践中面临的困境、矛盾、挑战、压力等。例如:我目前的教学行为处于一个什么样的水平?我该怎样才能改善教学行为?为什么我在具体的教学实践中会存在理念和行为的脱节呢?我该如何摆脱困境,在工作中得心应手呢?诸如此类。通过对自我成长经历的描述,把技术和理性的东西隐藏起来,解释自己的教学状态,追寻教育工作的足迹,这是一种追寻"意义"的研究,而不是一种对特殊问题追寻特定答案的研究。

(三) 自我研究侧重于问题研究

许多有经验的教育研究者不约而同地提出,那些工作中出现的问题比获得的成绩往往更能吸引研究者的关注。问题通常包括两个方面:消极方面是指教师在教学过程中遇到的困难、困惑、压力和挑战等;积极方面包括教师在实践过程中产生的教学灵感、兴趣等。教师通过对问题的研究,让自己的专业素质得到提升,能更好地驾驭教育教学规律,提高工作效能。

四、中小学教师开展自我研究的常用方法与途径

(一) 教育叙事

教育叙事是指教师用叙述或讲故事的方式对教育教学过程中的事件进行描述、分析、论证和反思,发掘隐藏其中的教育思想、教育理论和教育信念,从而解释、发现或揭示隐含在复杂多变的教育现象中的本质与规律。

教育叙事研究的出现，实现了教育研究范式的转型，即开始由探究普适性的教育规律转向寻求情境化的教育意义，个体的经验开始受到人们的重视。叙事常用的语言表达方式是叙述、描述，而不是理论概括。研究者要清楚地把故事呈现出来，主要靠描述、叙述的方式，而不是通过论证、分析、归纳、推理的形式。夹叙夹议是叙事最主要的方式。其中以叙为主，以议为辅，是叙中带议，而不是议中带叙。以叙述为主，而不是以议论为主，这是叙事研究的文本划分于其他科研论文的重要表现。

叙事研究的特点有：①叙述的对象是真实的教学事件；②叙述必须有突出的主题；③叙述必须具有"情节性"；④叙述中包含着反思性内容。

（二）传记法

传记研究即教师的生活史研究，主要通过叙述的方式，分析教师在过去生活中的各种因素对教师的教育观念、教育行为等的影响及其意义。教师以传记的方式叙述自己的教育故事，即教师以自己的生活经历为背景去观察和思考世界，这就促使教师进入沉静思考的层面，倾听自己内心深处的声音，站在不同的角度反思和挖掘自我，于是就可能激发出许多连自己都意想不到的想法，其是现实的"我"与历史的"我"之间的对话。

（三）教学日志

教学日志是教师结束一天的工作后，根据教学过程反馈的信息，用精练的文字将所思所想记录下来的。它可以是对当天教学状况的技术层面的评价，也可以是批判性的反思。教师经常撰写教学日志，能及时检验出教学过程中的优缺点，以便总结经验，吸取教训，不断完善自己的知识技能结构，寻找解决问题的策略，用于应对日后类似的困难。

教学日志记载的内容常有：①听到的、看到的与教学有关的趣事；②进展顺利或不顺利的教学活动或者事件；③成功的经验和方法，灵感的再现；④始料不及和发人深省的问题；⑤教学工作中遇到的问题及解决方法；⑥体验到的情绪、情感，或对某起教育教学事件的感受；⑦自己处理得较好的事情或对其他教师、学生或者学校有启发意义的事情。

（四）网络博客

"博客"一词源于"网络日志"（weblog）。充分利用博客超文本链接、网络互动、动态更新的特点，可在川流不息的网络信息流中精选并链接全球互联网中最有价值的信息、知识与资源，进行互动交流、深度沟通及简易的信息发布等。利用博客的核心在于终身学习、主动研究探索的思想。目前越来越多的优秀教师将自己的教学理念、教学行为、教学困惑以及一切与教育相关的问题发表在博客中，与同行、学生或者专家交流，博客已经成为教师进行教学管理、交流的工具和教师专业发展的一个较新颖的平台。

（五）行动研究

行动研究是教师（或教师在研究人员的指导下）有计划、有步骤地围绕学校的实际问题，通过边行动边研究的途径，合理地运用教育理论，研究和解决不断变化着的教育问题，改进并提高教学实效的研究。行动研究以提高行动质量、改进实际工作、解决实践问题为首要目标，同时强调教学行为与科学研究相结合，强调行动过程与研究相结合。

行动研究的一般程序有以下六点：①确立课题，即发现问题、分析问题、确立课题；②查阅文献，分析现状，阅读文献综述；③制订方案，包括目的、假设、对象（范围）、方法（步骤）、资料（信息）、物质保障（经费、环境、设备、设施等）、时间、参加人员及能力分析、人员分工等；④实施行动，包括假设的设立及验证（可借鉴应用实验假说，但教育研究的假设有别于自然科学的实验假设，不能通过科学观察和实践直接进行观测），资料（信息）的收集、处理、综合，进行观察、问卷调查、实验，及时反馈、多方反思、不断校正；⑤总结反思，对研究资料进行整理、分析、解释，做出推论，并对研究进行反思评价，为新一轮的深入研究做准备；⑥评价效果。

在行动研究中，教师集"研究者"与"行动者"两种角色于一体，既是研究者，又是被研究者，即行动者。通过"研究"和"行动"的双重活动，可将行动中的研究成果直接运用于自己的实践，进而提高自己改变实践的行动能力。行动研究的目的不在于建立理论、归纳规律，而在于改进和解决教育教学实践中的实际问题。

（六）案例研究

案例研究最初被运用于医学领域中，是研究病人的案例。随着教育科学的发展，案例研究法在教育教学领域也得到广泛运用，对提高教师专业水平具有重要价值。

案例研究通常以单一的、典型的对象（教学案例）为具体的研究内容，通过对其进行直接或间接的、深入或者具体的考察，了解对象发展变化的线索和特点，并在此基础上设计与实施一些积极的教育措施以促进它的发展，然后把这些条件、措施与结果之间联系产生的认识与结论，推广到对一般的人和事的发展变化的认识上去。案例研究需对一些典型特征做全面、深入的考察和分析，整个过程就像解剖麻雀一样，让人们逐渐看清事物的全貌，因此这种方法也被形象地称为"解剖麻雀法"。

在案例研究中，精选教学案例是关键。教学案例一般由三个部分组成：①案例背景——简介案例发生的背景及研究的方法与主题等；②案例描述——教学案例必须蕴含一个或几个教学事件，对它的叙述必须相应地显示出一定的情节性和可读性，描述时应像讲故事一样具体生动；③案例分析——教学案例的关键，主要是运用教育理论对案例做多角度的分析，一般采用夹叙夹议或先案例再议论的方式。

案例研究的特点有：①案例研究以案例为基本单位；②案例研究是"案"和"理"的有机结合。

（七）教学反思

教学反思是教师对自己的教育教学活动所进行的反馈性思考活动，是把他们的活动从感性的变成理性的以无意识的变成有意识的的思维加工过程。

教师在复杂的教学情境中，对教学行为背后的理论和结果进行反复的、持续的和周密的思考，从而赋予教学实践以意义，寻求改善教学实践的可能方案。教学反思是慎思的过程，通过界定问题和寻求解决问题的方法来提高教学的质量。在教学反思中，知识、思想和行动是整合的。教学反思在意义重构中的功能在于能够使经验中的各个部分之间、经验与经验之间、经验与其相关的知识之间产生有意义的联系。经常反思的教师不是仅仅寻求结论，也不是整日忙忙碌碌地工作而不去反思行动的理由和结果，而是从他们自己的实践和学生的学习中不断建构其中的意义，创造与此相应的理论。在教学反思中，教师所获得的不仅是对自己行动的理解、实践的改善、知识的扩展，还有对其所拥有的理论的提升。

教学反思的特征有：①教学反思针对的是教学实践中的困惑和惊奇；②教学反思是批判性的思考过程；③教学反思是把具体情境概念化的过程；④教学反思是探究性的过程；⑤教学反思是把过去的经验引向未来的行动；⑥教学反思是从多元的视角重构教学情境的过程；⑦教学反思是教师主动学习的过程。

以上只是教师进行自我研究采用的主要方法，进行自我研究的形式并不局限于这些。除了上述几种方法外，教育故事、教育佳话、教学后记、教学病历、教学总结、教学随笔等也被广泛应用于自我研究中，因此，可以说凡是有利于教师学习、成长的方式均可在自我研究中采用。正如教育心理学家拉森（Marianne A.Larsen）说的："自我研究像一把大伞一样把众多的研究方法包容其中，而不像其他研究把研究方法仅仅限于有限的几种。"

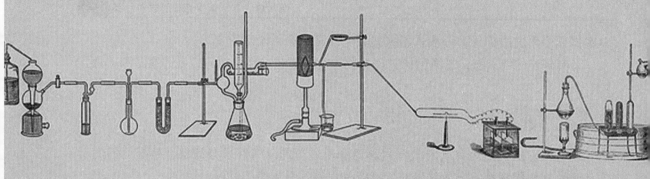

参考文献

[1] 宋朝阳.中学化学教学探究 [M].长春：吉林人民出版社，2019.05.

[2] 宋怡.中学化学课程与教学论 [M].长春：东北师范大学出版社，2019.02.

[3] 张爱凤.中学化学教学创新研究 [M].天津：天津科学技术出版社，2019.01.

[4] 周玉芝.核心素养导向的中学化学教学 [M].北京：北京教育出版社，2019.12.

[5] 龙琪.化学教学论 [M].南京：河海大学出版社，2019.04.

[6] 闫蒙钢.中学化学名师成长案例研究 [M].安徽师范大学出版社，2019.07.

[7] 杨兴武.初中化学科学探究教学策略 [M].银川：宁夏人民教育出版社，2019.11.

[8] 赵刚，袁红娟，陆海峰.高中化学课堂教学与体系构建 [M].长春：吉林人民出版社，2019.10.

[9] 江合佩.化学学科核心素养与教学设计 [M].福州：福建教育出版社，2019.10.

[10] 王云生.化学教学设计构思 22 例 [M].上海：上海教育出版社，2019.10.

[11] 徐飞.批判性思维与中学学科教学融合研究 [M].合肥：中国科学技术大学出版社，2019.12.

[12] 詹仁娟.分层理念在初中化学教学中的应用探研 [M].长春：吉林人民出版社，2019.09.

[13] 孙文忠.基于核心素养的初中化学教学实施策略 [M].长春：吉林人民出版社，2019.10.

[14] 高广东.高中化学教学中的有效教学理念探析 [M].长春：吉林人民出版社，2019.12.

[15] 沈旭东.社会责任素养视角下的高中化学教学新论 [M].杭州：浙江工商大学

出版社，2019.11.

[16] 李文郁.中学理科实验考试评价研究 [M].广州：广东高等教育出版社，2019.06.

[17] 林歆宇，江雷，夏英波.化学课堂的有效建构 [M].长春：吉林人民出版社，2019.12.

[18] 蒋余泉，吕春林.初中化学学科创智课堂教学实践指南 [M].上海：上海教育出版社，2019.03.

[19] 徐影，孙丽，徐文慧.中学化学教学的智慧实践 [M].长春：吉林人民出版社，2020.04.

[20] 陈广余.向深度进发的中学化学教学 [M].上海：上海教育出版社，2020.08.

[21] 王树军，刘新华，于佃福.核心素养培养下的中学化学教学策略研究 [M].长春：吉林人民出版社，2020.12.

[22] 刘翠，庄启亚，李广超.中学化学实验教学与评价 [M].北京：科学出版社，2020.08.

[23] 胡俊洲.中学化学教学与实验创新 [M].天津：天津科学技术出版社，2020.04.

[24] 裴传友.中学化学数字化实验案例研究 [M].安徽师范大学出版社，2020.04.

[25] 吴星.中学化学学科理解 [M].上海：上海教育出版社，2020.03.

[26] 蒋灵敏，肖仕飞，李刚.化学课堂教学与实验研究 [M].长春：吉林人民出版社，2020.06.

[27] 郑光黔.高中化学教学方法与实践 [M].长春：吉林人民出版社，2020.06.

[28] 江合佩.走向真实情境的化学教学研究 [M].福州：福建教育出版社，2020.

[29] 刘翠.高中化学项目式教学实践研究 [M].济南：山东科学技术出版社，2020.08.

[30] 李宁.化学非连续性文本的课堂教学 [M].青岛：中国海洋大学出版社，2020.09.

[31] 李永忠.核心素养背景下中学化学教学实践与研究 [M].兰州：兰州大学出版社，2021.

[32] 刘翠，石枫，赵玲玲.中学化学教学艺术 [M].北京：电子工业出版社，2021.05.

[33] 杨光辉.基于学科核心素养理念的中学化学教学研究与实践 [M].长春：东北师范大学出版社，2021.06.

[34] 丁伟.中学化学实验教学研究微课版 [M].上海：华东师范大学出版社，2021.11.

[35] 史俊鹏，孙虎堂，娄二保.优化中学化学实验教学探究指导的研究 [M].长春：吉林人民出版社，2021.09.